上松恵理子 著

# 小 学 校 に
# オンライン教育
# がやってきた!

三省堂

装幀・本文デザイン　松田行正＋倉橋弘

# ■ はじめに

　この本は、「小学校でオンライン教育をするというのはどういうことなのだろう」、「いつもの授業でオンライン教育をプラスする方法はどのようなもので、どういった効果があるのだろう」、そして「学校にICTを導入するとどのようなことが起きるのだろう」という疑問に答えるものです。

　この本で扱うオンライン教育の定義とは、インターネットを使い、学校でも家でもどこでも授業を受けることができるような教育です。教育の主体は学習者です。学習者の理解を促すためには、これまでの授業の一部にオンライン授業を導入することが今の時代に必要だからです。けれども授業の全てをオンラインで行わなければならないということではありません。

　海外ではすでにICTの活用が進み、インターネットを使った調べ学習の宿題は、先進国では日本と比較にならないほど行われています。また宿題の提出もインターネットを介してクラウド上で行われています。そういったところでは突然の休校ということになってもオンラインで学習の継続が可能なのです。

　小学校1年生で学校からID番号をもらい、授業で毎日インターネットにアクセスし、メールの送受信の方法や書き方などを授業で学ぶ国もあります。国によっては義務教育が日本よりも1年早くスタートするため、小学校1年生は日本の幼

稚園年長さんの年齢にあたるということになります。そのような低年齢からICT化された教育環境にいるのが先進国の現実です。

　未来の情報化された社会に対応できる力を醸成することが教育にも求められ、教育内容や方法を更新させ実践されている国々があります。そういった国々の教育内容の変化や進化には目覚ましいものがあります。それは教育が子どもたちの未来を担うものであるという考えからです。この本には海外事例をいくつか載せてあります。ぜひ参考にして頂ければと思います。

　また、「インターネットが使える、パソコンが得意、いつもオンラインで色々なことをしている＝オンライン教育ができる」ではありません。ですから、学校教育の現場にオンライン教育が入る時には、本書の事例は参考になると思います。そして学校関係者だけでなく家庭で学習者を支える保護者の方々にも読んで頂きたいです。2020年、学校も新型コロナウイルス（COVID-19）の脅威で休校になりましたが、日本の公立小学校ではわずか5%程度しかオンライン教育がされていなかったという報道もありました。

　さらに、小学校の先生が紙のプリントを一人一人に配布するために家庭訪問をする事例があったそうです。学校に登校したら、学習プリントを渡されただけだったという事例もあったそうですが、保護者の方はどう思われたでしょうか？　今どきメールもありますし、スマートフォンからウェブサイトも見ることができる時代です。学習プリントを紙

で学習者に配る以外の方法が他に無かったわけではありません。

　もちろん紙を否定するつもりはありません。どちらかではなく、利点を理解しマルチで併用していくことが大事です。グーテンベルグが活版印刷機を発明後、人々の教養は高まり、情報が伝達され保存されたという文化は素晴らしいものでした。また紙は長く保存するにもよいものでした。授業で紙のノートを使ってそれをポートフォリオにするという古典的な海外の事例もたくさんみてきました。長期保存という観点からみると読み取り機が必要ないという点では優れています。しかし、紙は紛失の懸念もありますからオンラインとベストマッチで使うということはリスク軽減になります。オンラインでやりとりすることは学習者がいつでもどこでも学習しやすい環境にいるだけでなく、教師にも保護者にもメリットがあります。どんなメリットがあるのか、これまでのやり方よりも効果的で簡単な方法がわかるように、この本を編んでみました。

　コンピュータが発明され、その後、インターネットに接続されるようになった当時、素晴らしい可能性があることを研究者が唱えていました。それが現実となったのです。世界に繋がるツールがあるのに使わないのはもったいないことです。さあ、オンライン教育の扉を開きましょう。

著者

SECTION 1

# オンライン教育
# とは何か

## 1.1 なぜオンライン教育か

　みたことのないサバンナの動物の写真にさわると動画になっていて、その動物が動いたり、作者がその作品を書いた背景を語ってくれたりしたら、作品がとても面白くなると思いませんか。もちろん、今はそういうことが可能です。教える側が一方向から配信するだけでなく、学習者から能動的にタッチをして行うことも可能なオンラインの授業実践が世界のあちこちで行われています。

　日本でも2020年以降、プログラミング教育が必修化され、文部科学省ではGIGAスクール構想などの動きがあります。国はクラウドを使った教育を推進し始めました。なぜ文部科学省はそれを推進するのでしょうか。私たちの生活は色々なIT機器に囲まれ、それを使うことが前提となっています。新型コロナウイルスの脅威の時には、国や自治体はテレワークを推奨していました。

　企業でも一気にテレワークが進み、メールやクラウドで資料のやりとりがなされ、会議はZoomやTeamsなどのアプリで行われています。経理などもクラウド上で共有すれば通勤しなくてもよくなりました。そもそもそういったICTが前提で業務を行っていたところはすぐにオンラインに移行できましたが、そうでない企業は社員が会社に通わざるを得ないという事例が散見されました。メール審議やオンライン会議の規則をこれまでに盛り込んでいればその必要が無かったと言

う声もありました。

　OECD（Organisation for Economic Co-operation and Development）は21世紀型スキルの次のスキルとして、Education 2030について定義を示し直しています。これからの教育スキルとして、不安定で不確実な将来には、社会に対応する能力が必要であり、そのためには新しい学びが大事だということです。専門化・迅速化・個別化と言われる時代の流れがある中においては、これまでのスキルは役に立たないものもあるでしょう。

　地球も気候変動を起こしていて、これからの教育は、これまでの方法を進化させ、生態系に貢献するためのものでなければならないと言われます。もはや教師が何年も前に大学で習ったことを学習者へ提供する時代は終わりました。

　洪水が起こりそうになっても今ではIoTで端末などから状況がわかります。情報にアクセスし、把握が可能です。

　IoTによってデータが大量に蓄積し、ユーザーの情報をリアルタイムで取得・分析し、ユーザーごとにスコアリングができるようになりました。カスタマイズされた動画などを使った遠隔教育も可能となります。医療の分野では手術中の映像を3次元で記録し、記録をもとに色々な検討が行われるという時代に入ってきました。

　教師教育でさえ、優れた教師の手法を追尾カメラやマイクを使って撮影し、共有することが技術的に可能となっています。技術の進化が著しい時代だからこそ、オンライン教育をスタートすることは、教師と教材、そして学習者の関わり方

が時代に沿った形となり可能性が広がるのです。

　今の小学生は生まれながらにしてスマートフォンやデジタル媒体に囲まれたデジタルネイティブです。一方、それに対する概念として、大人になってからデジタル機器を使い始める人たちのことをデジタル・イミグラントと言います。もし、学校でパソコンやタブレット端末を使わないでいたら、学校生活と実生活との差異が生じ続けることになります。このままですとせっかくの子どもたちが学校の中で、特に教師の前でデジタル・イミグラントを装う残念なことになってしまいます。デジタルメディアを使う新しい学習モデルを実践していくことが学校に求められます。例えば、情報モラル教育がデジタル・イミグラントの立場では、問題の解決に繋がりません。新しい教育アプローチが現場に求められるのです。

　デジタルメディアを使えば、対面だけでなくオンラインで動画をみて理解をした上で授業に臨むことも可能です。その際、質問をチャットで行ったり、インターネットであらかじめ調べたり、といったことも併用することができます。今では学習履歴から将来の学びが設計できるまでに教育は進化しています。学びやスキルは本来、学習者の目的や能力により個別に培われなければなりません。それぞれのスキルや目標が違うわけですから、学習効率ありきで数十名まとめてという方法だけで教育を行う時代ではなくなってきたのです。

　ネットで意見がシェアできるという時代には、一方向の学習にはなりません。教師が学習者の学びをサポートするということが対面よりもより迅速かつ詳細にケアできる体制で

行われることも可能です。AI（人工知能）と連動させ、個々の特性に沿った学習スタイルを提供することもできるようになってきました。

## 1.2 オンライン教育のメリット・デメリット

　全ての学校で全ての子どもたちにオンライン教育をすることができれば、子どもたちがICTを授業で使いこなしたスキルをベースに社会ですぐに活躍することが可能になります。学校に居ながらにして将来必要な力がつくのですから素晴らしいことです。メディア機器を使うことのできる力というのはこれからの時代には必須なことですし、オンラインで互いの意見を交流させて気づきを得ることのできる、時代に合った能力、新しいスキルがつくのです。それを教育で行わない理由はありません。紙の教材とのベストマッチを追究することがこれからの教師の役割でもあります。

　しかしながら、日本はスマートフォンの普及は進んでいるのに、インターネットを使って勉強したり、教師が宿題を出したりするのは後進国と言われています。なぜなら電子メディアを「勉強のツール」として捉えていないからです。世界の人々と繋がることもできるオンラインの世界を経験するメリットを理解すれば、色々な文化を知ることができて将来のためになることでしょう。

　かつては電子メディアから教養を得るということが批判されることもありました。テレビについてもそうでした。しかし電子メディアから膨大な資料をみることができるようになった今では、教養を得る手段の1つであるとして発想を変えていかなければなりません。誰もが使うことができれば経

済的な格差も少なくなることが予想されています。オンライン教育とはそもそもメディア機器によって受けることが可能になるのですから、まずは、それを誰もが使えるようになることです。そして、どういったメディア機器にどういった特徴があるのかを理解した上で、学習内容に合ったものを使う必要があります。オンライン教育に不向きな活動を無理にオンラインでする必要はありません。

　向いている授業方法としては反転授業（flipped classroom）というものがあります。この方法はアメリカや北欧などで早々に始められています。これはあらかじめ指定された教材（主に動画）を学習者がみた上で学校に行き、教師にわからないところを質問したり、クラスでディスカッションをしたりするという授業方法のことです。ちなみに海外ではICT教育が始まる前から事前に指定された教材を読むようにと言われて行われている事例は存在していました。

　この反転授業のことを海外の先生方に色々と質問しました。その結果、メリットは、

- 授業よりも先に好きな時間で何回でもどこからでも教材をみることができる。
- 学校に居ても、教室以外の別の場所からでも、学校を休んでも、受けることができる。
- 教師が早口な箇所、理解しづらい箇所を何度でも視聴することができる。
- わかるところとわからないところが明確になり、授業の前に質問をあらかじめ用意できる。

などの声がありました。

オンライン教育ではアクティブラーニングができないのではと思ってしまう人もいるかもしれませんが、そんなことはありません。オンラインになったとしてもICTの使い方によっては授業方法を変えないでやることができます。今は色々なソフトがありますから、その中の機能を使えばグループワークもでき、録画もできるものもあって、さまざまな授業方法を可能にすることができるのです。教育方法が多様になってきている時代に、オンライン教育は動画を送信するだけ、というイメージは変えなければなりません。ライブ動画を流しっ放しにして、教師のパフォーマンスだけで教え込むということは学習者の自律性をそぎ、自ら考えるというくせがつかないことになりかねません。間違った方法でオンライン教育をすることは受動的な学びに繋がってしまう懸念があります。

　オンライン教育には次のようなデメリットもあると言われています。

- 家庭でのネット環境によって視聴しにくいことがある。
- 学習者の表情やしぐさがわかりにくく、大人数では一度にみられない。
- 学習者同士のディスカッションや相互作用が生まれにくい。
- 一方方向の授業が15分以上続くと集中が途切れる例がある。
- 一方方向の授業ではその場で質問したくても時期を逸してしまうことがある。
- ITスキルだけでなく勉強をどう進めてよいかわからないのでコーディネータが必要である。
- 実習を伴う授業は難しい。

　これらのデメリットには全て対応策もあります。

　例えば教室でも一斉授業のような効率を考えて学習指導をする時、9割が理解したら進むという方法がありますが、それと同様にオンライン授業を行えば、同じことになってしまいます。

　オンラインだと教師にすぐにわからないことを聞くことができないから、よくないという声はあります。しかし、学校の対面授業でも他の学習者を気にして質問できない、あるいは時間がなくてできないという場面もなきにしもあらずです。オンラインであってもなくてもそうならないように質問しやすい方法やシステムを整えることが大事です。

　そもそも積極的な学習者はとことん調べ、自主的に深い学びを追究することができます。オンラインでも普段の授業と同様にわからない点をきちんと質問でき、追究する時間的なゆとりや手立て、学習補助や援助が必要となってくるでしょう。視聴してわからない点をさかのぼれるオンデマンドのような方法も考えてみるのもよいかもしれません。また学習をサポートするコーディネータも必要です。

　例えばZoomなどはチャット欄があります。教師の話の途中で、質問はそこにコメントとして書き込み、それを教師が注目して取り上げるという方法ができます。実際、授業中に発言が苦手で質問しにくかった学習者から、先生に質問しやすくなったという話もありました。対面授業よりも気軽に質問できるという声もあります。

　学校でプラットフォームを作ってそこでチャットしたり質問

を共有したり、また、映像も伴う電話機能などを使い解決するという方法もよいでしょう。実習をサポートするために海外ではARやVRを使った授業もありました。

　さて、オンライン教育ではコミュニケーションの重要なポイントと言われる、ノンバーバルコミュニケーションの理解は重要です。実はコミュニケーションを行う際にはどういった言葉でメッセージを伝えるかよりも、非言語の、いわゆるみた目や表情などの方が言葉よりも相手に大きなイメージを与える割合が高いと言われています。そのためノンバーバルコミュニケーションが大きな役割を果たすのです。

　これには、服装などの色合い、ジェスチャーや視線などもありますし、話をする速度や声のトーンなどもあります。よく演説などで原稿をみるために下を向くことがないよう、プロンプターという透明な文字を映し出すものをみたことがあると思います。それを使う理由は、聴衆に対して目をそらさない方が、真摯な印象にみえるからです。視線に気をつけることは、ノンバーバルコミュニケーションの基本です。教師は学習者に安心と理解を促すための方法として、物理的なコンテクストの影響も理解して、オンラインを利用してコミュニケーションを取ることが必要なのです。

　さて、次にオンライン教育を行わないデメリットの話をしましょう。オンライン教育を行わないと情報格差を広げる可能性があります。この情報格差のことをデジタル・デバイドとも言います。ウエブスターは、情報ネットワークの重要性は明白であるとして、情報富裕層と情報貧困層という2つの

階層についての格差について論じています。

　実際、これからAI（人工知能）などが前提の産業が栄えていく中で、仕事もグローバル化していき、それらを扱う専門職・技術職の雇用は多くなっていきますが、一方ではこれまであった労働者の一部の層はAIに置き換えられていきます。そのため階層の二極化が起こり、その結果として情報貧困層が増えていくのではないか、という懸念が指摘されています。将来、オンラインで色々な情報を得ながら、多角的な解釈ができることは情報リテラシーがある層ということになります。このような二極化は避けたいものです。

　デジタル・デバイドには、国際間デバイドと国内デバイドの2つがありますが、もちろん両方とも懸念されます。例えば、日本と海外の国との格差よりも東京都と日本の地方との格差の方が大きくなるのではないかという懸念があります。また東京都の中でも区・市町村によってICT環境の違いがあればそれが格差となります。1つの国の中でそういった格差が起こらないためにも、先進国では幼い頃からのICT教育が行われています。小学校1年生（日本よりも1年早い国もあるのでそういった場合は日本の幼稚園年長さん）からオンライン教育を行っている国もあります。格差についてはビジネスデバイドという企業規模によるものやソーシャルデバイドと言われる経済、地域、人種、教育等によるものがあります。

　さて、そもそもデバイドの発生の主な要因としては、インターネットなどの接続速度やパソコンのスペック、情報モラルも含めたリテラシーの知識、ITを使いたいという動機の違

いがあると言われています。実際、これだけ携帯電話が普及していても、経済的な理由ではなく自らの意志で持たないという人もいます。しかし持つ持たないの選択ができる時代はそれでよいかもしれませんが、これから家電にもIoTが組み込まれたり、テストがオンラインになったりした場合、選択の余地が無くなるのです。

　アメリカでは既にスマートフォンを持たないとサービスを受けることができないUberのサービスが発達しています。Uberの配車アプリですぐにタクシーに乗れたり、Uber eatsのアプリを使えば食べ物を運んでもらえたりします。これらはスマートフォンありきのサービスなので、スマートフォンを持っていない人は使うことができません。これからはスマートフォンを主にしたアプリケーションも出てくるでしょう。

　介護や医療の現場でもそういったICTが取り入れられ始めました。一部の施設では、中からスマートフォンなどのアプリケーションを使ってテレビ電話をすることもできるようになってきました。これからは家に居ながらにして体調を管理してもらい、異常を察知するとすぐにかけつけてもらえるというサービスなども増えてくるでしょう。

　デジタル・デバイドを解消するのには社会的、文化的、政治的、経済的なアプローチなどのさまざまな方法論が考えられますが、教育的なアプローチの中でのメディア・リテラシーもデバイドを解消することの可能性を持ち合わせています。

　教育はあらゆる格差を解消できるもので国家百年の計です。オンライン教育でこのような教育格差が進まないように、社会全体の知的水準を維持するためにも、全学習者に行き渡るようにしっかりと全国にオンライン教育に取り組むことが必要です。そうすれば、デジタル・デバイドの解消に向かうことでしょう。

　そもそも学校教育は、あらゆる格差をなくすために、全ての人にリベラル・エデュケーション（教養教育）することが果たすべき役割の1つとしてあります。デバイドの解消にはネットワークを日本中、津々浦々通すということになります。しかし、資金もかかりますから、社会的な合意が必要となってきます。人々がその必要性を求めるだけの意識を高めるためには教育が大事になります。逆に言うとICT教育の必要性が無いと言う声が多ければ、教育のICT化は進んでいきません。推進派があまりに少数では社会的な合意は得ることはできません。ICT教育が必要だという人を増やすためには、現代社会に情報リテラシーが必要であるということについて周知されなければなりません。識字教育と同じように情報リテラシー教育が必要です。

　教育によってICT教育に対する意識が高まれば、格差を回避するための情報リテラシー獲得機会の平等化、及び公共インフラとしてのネットワーク利用環境整備の重要度が高まるのです。しかし、それだけでは格差解消は難しいのです。そこにはそもそも教育をどのようにするのかという社会の考え方の違いがあるからです。

「機会の平等」に対して「結果の平等」という考え方があります。「結果の平等」とは教育の結果が平等化されるべきであるという概念です。教育効果や公共の福祉に着目すれば「機会の平等」は重要です。ICT教育はこの「機会の平等」にのっとる必要があります。

　もし仮に、無料で使える高速インターネットが世界中にあって、世界中の子どもたちが1人1台のスマートフォンを持っているとしたらどうなるでしょうか。世界には日本のように義務教育が無い国もありますので、勉強がしたくても経済的な理由でできない子どもたちも大勢います。そういった子どもたちの中には、もしかすると、自分たちの格差を解消するために無料の教育アプリに毎日アクセスし猛勉強する子どももいるでしょう。

　実際、アフリカでは高速インターネットに繋ぐことのできるバスがあちこちを巡回している国もあるそうです。バスが来ると一斉にスマートフォンを持って子どもたちが集まってくるという状況もあるようです。後述しますが、世界中どこにいてもオンラインで大学の講義を無料で見ることができるMOOC（Massive Open Online Course）というものがあります。小学生からそういったところにアクセスしている事例もあるそうです。大学のオンライン講義を無料でみる小学生というのには驚きますが、中学生や高校生ではもっと増えてきているという現実があります。こういったことが起こると世界の教育の水準の変化が少しずつ起きてくると思います。

　オンライン教育の可能性を理解し、学びたい子どもがいつ

でもどこでも勉強できる環境を作るということは、学びがい
つでも可能になることです。海外の小学校に行った時に、指
紋認証で校舎に入る子どもをみました。その瞬間に教室にい
る教師と家にいる保護者に通知が行くというシステムになっ
ています。日本の全ての小学校にこれが導入されれば出席簿
の管理が楽になるでしょう。教室に入ると自分のパソコンを
開いてメールをチェックしたり、クラウドに繋いで宿題を提
出したりするという様子もみました。日本の大学でも教室の
壁にある機器に学生証をタッチすると出席になるというシス
テムがありますが、そういったものを小学校でも使うことは
できるはずです。

　オンライン教育が行われる国では、小学校の遠足や運動会、
文化祭などの行事についても学校のホームページに掲載さ
れ、教師のブログには、例えば「調理実習を行うのでエプロ
ンを持参するように」とか、「植物の観察に行くので雨具を
持参するように」という、日本であれば行事ごとのプリント
に書くようなことも全てオンラインです。授業では教師が一
斉に教えるだけでなく、子どもたちがアクティブラーニング
で色々と調べ学習をしますが、登校ができない生徒にもオン
ラインで教室の様子を共有して一緒に学ぶこともできるので
す。教科書や宿題のプリントを忘れても、タブレット端末で
チェックすることも可能です。新型コロナウイルス禍では授
業参観のためにオンラインで保護者に授業を配信した教師も
いましたが、海外ではそういったことは特別なことではなく、
祖父母も見ることができるということでした。

残念ながら日本が実際に新型コロナウイルス対策として、オンライン授業を行ったのは約5%程度だということでした。これからはメリットとデメリットを理解してオンライン教育を当たり前のように使っていくことを前提とした教育体制になることでしょう。

　いつでもどこでも繰り返しみることができ、再生速度も選ぶことができる点においては、オンライン授業は対面授業よりも優れていると言えます。これからオンライン教育が進み、学校でもオンラインで事前学習が充実することができれば、例えばその後、博物館や美術館に実際に行った時にはいろいろな気づきを得ることができるでしょう。このようにオンライン教育のメリットとデメリットを考えた上で、オンライン教育をやらないことのデメリットも理解することが必要です。

## 1.3 オンライン教育で生かせる力

　オンライン教材を読むことは文字だけで書かれた教科書を読むよりも複雑です。まずは声を出す出さないはともかくとして読むこと、そして、その内容を自分の知識や経験と重ね合わせること、そしてメディアの技法をみながら、その価値を判断したり理解したりすることです。メディアの技法とは後述するメディア・リテラシーの方法です。例えば、文字がメディア機器の画面に書かれたものか、書物に書かれたものなのか、文字の色は何色か、そして、どんな語られかたをしたのかということを知ることは、文字メディアのメッセージ性を理解することに繋がるのです。目にみえる物の形や色などがその教材の持つメッセージ性に由来し、それを読み解くことがオンライン教材では必要だと思います。

　子どもたちが接するインターネット上にある情報は玉石混交であるため、そういった情報を精査する力がこれから必要となってくるのです。そのためにはオンラインに繋いで学校での教育の中で、実際に体験することが必須となります。絵にかいた餅を眺めているだけではダメなのです。また、危険にさらされるとそのものから目をそらすという行動は、危険性を教えないということです。現在はメディアを使うことは日常的なことですから、これから学校に1人1台パソコンを使う時代になると、家でもスマートフォンは使わないということは少なくなるでしょう。メディアは諸刃の剣となる危険

性もはらんでいますので、そこをしっかり教えつつ、危険な目にあわないように使い方を習得させます。

　メディアから情報を得なかったことで井の中の蛙状態になり色々な問題が起きてくる可能性は大きいです。世界の状況は数日で大きく変化することもあり、今日ではメディアの進化により「文字のリテラシー」から、「文字と映像を併せて読み取るメディア・リテラシー」へとリテラシーがシフトし、教師にとっては、映像や図表から問題点を取り出して吟味するという時代が到来したのです。

　しかし残念ながら肝心のメディア・リテラシーについての教材文を、古典的な教授法で段落に分け、要旨を捉え指示語を入れされるという正誤式のテストではメディア・リテラシーが醸成されることはありません。教材は時代に合ったものでなければならないと同時に、時代に合わせた教育方法で使っていかなければなりません。

　印刷革命によって、人と文字との新しい関係が生まれたように、インターネットによってさまざまな情報が入手できるようになり、新たな関係が生まれました。今後はオンライン教育によって教師の役割も変わってくるでしょう。

　オンライン教育はこの大前提にのっとり、何をどういった形で学習者に届けることがよいことかを理解した上で行うことができれば、学習する側の能力を引き出すことに繋がる可能性があります。オンライン教育をする、あるいは受けるためにはメディア機器を使わなければなりません。当然ながら機器をつかえるリテラシーも肝心です。

　リテラシー（literacy）は、もともとは文字の読み書き能力に限定された言葉でした。例えば時代を遡れば木簡、グーテンベルグ以降の印刷物、そして、情報社会に入ってからはパソコンやケータイなどマルチメディア等によって私たちは情報を得ることができるようになりました。

　それを読むためにはメディアのリテラシーが必要だということでメディア・リテラシーという造語ができました。リテラシーの語源はリテレイトで、これは教養があるという意味です。教養はあらゆる媒体から得なければなりません。メディア・リテラシーはメディアを理解するだけの力ではありません。メディア機器を使えるのは当然のこと、メディアからの情報を正しく受容し、メディアの特性を知り、メディアを使って発信できる能力です。

　紀元前5世紀末に文字の書物は『読むことの歴史』によれば「読まれることを目的としたもの」と、「保存を目的としたもの」とに分けられたそうです。ギリシャ語の「読む」という動詞は「ネメイン（nemein）」と言い、本来の意味は分配するという意味です。その語源をたどると、声を出し、集団の前で分配行為をすることであると言います。その読むという行為が実際に活字を追い、今では映像をみるという行為に進化したのです。

　オンライン教育もリアルタイムで言葉のやりとりが双方向で行われるものと、動画で保存したものを流してそれをオンデマンドで何回も見ることができるもの、学習者側からの発信がメインで、調べた資料の提供やプレゼンテーションを受

け、それについて討論したり、ピアアセスメント（相互評価）を行ったりするものがあります。情報を鵜呑みにすることがなければ、社会との関わりも自ずと主体的になってくるでしょう。

**図1 教育におけるリテラシー概念の変遷**（上松：2007）

> **リテラシーの2つの側面**
> 基礎的教養（Education for All）
> 高度な教養（人文主義の教養からLiterature文学へ）

Oral文化に対する書字文化
Literateラテン語から英語へ（14世紀）

> **Literacy**
> 教育概念というケース（＝共通教養1850年代）
> （ユネスコの開発教育プログラム、識字教育1956年）
> **機能的リテラシー（Functional Literacy）**
> 市民として自立し、社会参加する基礎となる教養

公共的教養

言語教育＝リテラシー教育という視座

　インターネットだけ遮断することは世界の情報から取り残されるでしょう。日本はスマートフォンの普及は進んでいるのに、インターネットを使って勉強したり、教師が宿題を出したりする回数の少なさは世界の中では後進国です。世界の人々と繋がれるオンラインの世界を経験することも色々な文化を知ることができ将来のためになるでしょう。教養はあらゆる

媒体から得なければなりません。インターネットだけ遮断することは世界の情報から取り残されることになるでしょう。

　情報技術の高度化によって生み出される情報リテラシーの格差は、伝統的なメディア利用の格差と密接な関係にあると思われます。オンライン教育などが可能となる情報技術の発展は従来からある階級間の格差をさらに強化するものだということは前述しました。これらの格差を無くしていくためにも、リテラシーは必須なものです。リテラシーは自然に身に付くものではなく、学習していくことによって、さまざまな理解が可能となってきます。つまり、言葉を学ぶように、多元的にメディアを学ぶことが求められます。

　例えば、日本の国語科では「読むこと」「書くこと」の文字のリテラシーを中心に、近年では「話すこと」「聞くこと」が加わり、授業が行われています。ところが現在、一般生活ではこれらの4つのどれもがデジタルを介して行われていることは周知のことです。それに対応したリテラシーが必須となってきているわけです。

　オンライン教材は「読む」「聞く」「観る（見る）」という3つの大きな観点があります。加えて、双方向であれば「話す」「発表する」という観点もあります。前者の3つの観点の中で何を「観る（見る）」のかというと「図・表・グラフ」「写真などの画像や地図」「動画」です。実はこれらはこれまで文字を「読む」ということが中心だった私たちの生活に動画を「観る（見る）」も加わったということが背景にあり、生活に密着した必要な能力とも言うことができます。

**表1　オンライン教育における観点の変化**（上松作成）

| これまでの国語科教育の主な観点 | オンラインの場合の具体的な変化 |
| --- | --- |
| 読む（文字） | 読む（文字）、観る（動画・静止画） |
| 書く（文字） | パソコンのキーボードを使って打つ<br>（入力する：メールやチャットのメッセンジャー等） |
| 話す（対面） | オンラインで話す。人間だけでなくAIにも話す |
| 聞く（対面） | オンラインで聞く |

　メディア・リテラシーで大切なことはMedia Text（メディア・テクスト）を複合的に解釈することです。国語科教育とメディア・リテラシーは両者の目的や効果が類似し重なっています。メディア・リテラシーの実践として「メディアの表現技法を学ぶ」「メディアを使って表現する」「メディア作品の背景にある文脈を批判的に読み解く」といったものがありますが、国語科教育の中にも「文章の表現技法を学ぶ」「文章で表現する」「文学作品の背景にある文脈を批判的に読み解く」といった学習がありました。よって両者の目的や効果は部分的に類似しているのです。

　メディアが変化していく中で新しいメディアの概念を取り入れることも国語科教育にとっては必要なことです。ところがメディア・リテラシーの重要な能力である、批判的思考を教育の中で、進んで取り入れるなどの例はあまりありません。これはメディア・リテラシーのクリティカル・シンキングの概念なのですが、間違った意味で捉えられていることに依拠

します。「クリティカル」の意味は日本では「批判的な」と訳されることが多いです。しかしcriticalとは「鑑識眼のある」という意味であり、「目の高い」ということです。クリティカル（鑑識眼を持った複眼的な見方）・シンキング（思考）は重要であり、メディアへの批判的能力ばかりを重要視するものではありません。

2000年頃からOECDによるPISAの調査にある「読解力（reading literacy）」には、電子媒体からのフィッシングなどを見破るというクリティカル・シンキングが求められていました。リテラシー概念の拡張の背景には、文字の読み書きだけでよかったリテラシーの概念が、携帯やスマートフォンなどでメディアツールの技術革新が進んでいった背景があります。

よく「産業社会から知識基盤社会、そして高度情報化社会からグローバルな社会へ」といった時代の流れにより「機能的リテラシー（functional literacy）」「クリティカルリテラシー（critical literacy）」「リーディングリテラシー（PISA型読解力：reading literacy）」「マルチリテラシー（multi literacy）」「ニューリテラシー（new literacy）」などの言葉が海外の論文で散見されるようになりました。

グローバルスタンダードとされる「読解力」は、PISAの定義として「自らの目標を達成し、自らの知識と可能性を発達させ、効果的に社会に参加するために、書かれたテキストを理解し、利用し、熟考する能力である」と明記されています。海外の事例をみると、これに「熟考したことを発表する能力」も加わっているように思います。いくら「内容を理解

しました」と言っても、それを相手に伝えなければ「理解した」と誰にもわからないからです。

　PISAのテストがオンライン化されたことで「書くこと」がパソコンで「打つこと」あるいは「入力すること」に変化しました。例えばエストニアの小学校では国語科の授業はパソコン教室で行われ、作文はWord文書で提出していて驚きました。1人1台の北欧諸国を訪問した時に「打つこと」の重要性を理解しました。

　またPISAのテストはelectric readingの観点も入り、パソコンの画面をみてテストを受けるようになりました。「入力すること」も1つの観点になるでしょう。

　日本の「書くこと」では、もちろん内容が一番に重きをおかれますが、部分的には漢字の「ハネ」「止め」だけでなく「書き順」も重視されます。そしてアルファベットの文化にはない膨大な量の漢字を覚えることも含みます。

　プログラミングのコードなどもキーボードを使って「入力すること」はこれからの観点に必要です。正しく入力する、またクリティカルに情報を捉えることが必要です。日本の国語科教育の中にはプログラミングをするという活動は稀ですが、海外では授業で扱うこともあります。

　こういったいわゆるグローバルスタンダードな読みはこれから国際的にやり取りする時に必要となってくるだけでなく、日頃、メディアと接している中で必要となってきます。特にSNSなどの情報は、コミュニケーションの方法が変わってきた現在の社会の中では重要な読解力となります。さてこのよ

うに、「読解力」とはこのような複合的な力であり、これは21世紀に入った20年前くらいからのグローバルスタンダードな定義と言えるようになったのです。

学校における効果的な教授と学習に必要とされる条件についてのデータ分析が先進国ではあります。分析結果により学習者の学習の達成度を測る上で新しい教育法やカリキュラム、評価に適応させるため、教師のスキルアップを図っています。

新しいカリキュラムでの国語科の授業には、「メディアコンテンツ制作、メディア利用、メディア行動における責任」という観点から「メディアから伝えられる情報を批判的に捉え、内容の倫理的・美的価値について考える」といった新しいスキルが求められているのです。

これから必須のデジタル読解力や文章の作成能力を高めるために、海外の小学校の国語科の授業はパソコンを使って文書を作成し、それをクラウドにアップロードして教師に提出するだけでなく、ネットを介して校内のクラスメイトと作文を共有し、教室を超えたコミュニケーションが行われていくという事例をみました。

諸外国の教師にインタビューをしてみると、国語科で日常的にパソコンを使うということが定着している事例は特別なことではなく、なかにはSNSで意見を共有したりする学習活動もあります。国語科だけではありません。音楽科の時間にソフトを使って作曲を行ったり、美術科の時間ではパソコン上で作ったグラフィックスデザインをそのままQRコードで3Dプリンターに送信したり、レーザーカッターでカットし

たりという活動も多くなってきています。家庭科ではフードテックというfoodとtechnologyをかけた内容の授業があります。見学したところ、オーブンの温度の調整や材料などを試行錯誤して料理を完成させる内容でした。

　これからは紙か電子媒体かではなく、それをベストマッチさせる教育こそが重要であり、そのためのマルチリテラシーが必須のリテラシーとなるでしょう。デジタルシチズンシップという言葉があるように、教養のある市民はデジタルなリテラシーも1つの素養として持たなくては社会にとってもマイナス要因となってくるわけです。そのためにはオンラインを使った教育が欠かせないということになるのです。

　日本では2020年からプログラミング教育を小学校で必修化することを公表しました。21世紀に必要な能力は高度情報化社会を前提としたものです。既にスマートフォンを持つことが当たり前になった今、汎用AI（人工知能）の導入で高度にオートメーション化される社会へ向かっており、その結果、多くの失業者を生み出す可能性もあります。その中で子どもたちに早いうちから将来に備え生きる力をつけなければなりません。コンピュータが身近になったことで、コンピュータの理解やプログラミング的思考が必要だとする声もあります。

　先進国の教育現場ではもうロボットが使われ始めています。英国バーミンガム市の幼稚園ではロボットが自閉症児童のサポートに使われたそうです。ロボティクス教育とは単に、ロボットを使ったり製作したりするだけでなく、人型でないロボット技術の理解も含まれます。ロボットに教育効果を期待

しても、結局ロボットは人間がプログラミングしたものであるため、どう社会のシステムに組み入れていくかのデザイン力や想像力が重要となります。

表2　進化するリテラシー（上松：2015年に加筆）

| メディア | 進化するリテラシー |
|---|---|
| 文字 | リテラシー |
| アナログメディア（マスメディア） | メディア・リテラシー |
| デジタルメディア | デジタルリテラシー |
| モバイルメディア（パーソナルメディア） | モバイルリテラシー<br>（SNS・ゲーム・アプリなどのモバイル利用の複合的リテラシー） |
| AI（人工知能）を搭載したロボットなど | AIリテラシー、ロボットリテラシー |

　従来のリテラシーとは文字を前提としたものであったものが、現在はインターネットなどの新しいメディアのメディア・リテラシー、そして今後はロボットリテラシーやAIリテラシーが必要な時代となるため、オンライン教育でそういった力が醸成させることができるのです。ではどう具体的にオンライン教育を行えばよいのかを次にみていきます。

SECTION 2

# オンライン教育を
# 始める前に

## 2.1 教材開発と授業設計

　オンラインの教材は全く新しいテキストが出現したと理解
した方がよいでしょう。紙をスキャンしてPDFにしたり、コ
ピーをネット上にあげたりするようなことではありません。
いわゆるオーバーレイヤーなテキスト（overlaying of text）と
して、次々とリンクされていくテキストがオンラインの教材
なのです。これは常に更新されるテキストです。即興的に即
時参加型の試みとして、双方向的学習環境を考え構築すると
いうものです。また、学習のコミュニケーションの場にアク
セスするためのプラットフォームが必要です。それだからこ
そ前述したメディアの活用としての新しいリテラシーが必要
なのです。オンライン教材は重要な情報を生徒に伝えるメ
ディアなので、どういった役割を果たすメディアなのかをま
ずは考えてみることが基本です。
　教育学の世界では、教材や教授方法が学習者の学習過程を
支援するものという概念がありますから、オンライン教育を
行う場合、それがどのような道具であるのか、コミュニケー
ションツールとしてのどのような価値があるのかを見極めな
ければなりません。
　まずはオンライン教材を使う時には、教師側がメディアの
特性と学習者のレベルを理解して使う必要があります。教材
を開発する上で、特に大事なのは何を教えるのかをぶれずに
開発することです。活用方法や提示に配慮しつつ、レベルに

対応したものが求められます。その上でメディア特性の理解が必要です。

　また、学習者が主体的・能動的に関わる上において、教師側の領域だけでなくオンライン教材が重要な役割を果たします。メディアの図像の情報形態を学習者が受容するという認知的な側面からも、そのオンライン教材はどういったことを教授するためのメディアなのかを教育内容と絡めながら捉えなければなりません。

　メディア・リテラシーを学ぶことの中に、「色やフォントがオーディエンスに与える影響の理解」というものがあります。勉強のツールとしてどういったものであるのか、開発者も使う側の学習者のことを理解していなくてはなりません。

　「どんなメディア教材でどう教えるか」という観点でまずは学習者の立場で考えること、メディアを受容する「みる側」として、教材はどういった状況で使うのかについて「みる側」が考える必要もあります。つまり設計そのものが学習者目線で構築されたものでなければなりません。

　教師側が一方向で学習者に教える形式を想定しても、その教材はいつでもどこでもダウンロードして使えるものなのか、それともオンラインでライブのように教師が教材を提供しながら、同じ時間を共有して使うものなのかということを考える必要があります。またクラウドを使った教育用でグループワークができるものもあります。

　一斉授業だけの時代ではありませんから、教師がファシリテータとなってオンライン教材のメディア特性を理解し、学

習者の主体的・能動的な学びが求められる中で、どのように授業に取り入れることができるかが重要になるのです。オンライン教材は、学習者とのコミュニケーションの媒体となり、学習内容を理解させ認知させるためのツールにもなるものです。

それだけではなく、どういった形で提示し、活用し、どのように関わり、ときには使う内容や量をコントロールするのかということも必要です。英語圏の国の教師にインタビューすると「オンライン教材が多すぎてどれをどう使ってよいかわからない」という声を聞きます。これからは玉石混交の多くのオンライン教材が出てくるでしょう。色々と使える教材を全て使うのではなく、吟味していくことも大事になってくるのです。

多様な学習者の学習スタイルやニーズを理解し、小学生から大学生までの発達段階を系統的に考慮しながらラーニングのデザインをしていく中で、フレキシブルに取り扱える教材こそが重要となります。ラーニングデザインという言葉がありますが、授業を構築する上で、学習目標を達成できるような教材、コミュニケーションといった活動もおろそかにしない方法も取れる教材というのが理想です。

つまり教材はコミュニケーションのツールという機能も果たしながら、学習や教育の機会でどのように使うのか、教師にとっても学習者にとっても汎用的なものでなければならないのです。知識をただ教授する方法から、よりよい学びに転換するためには考えるべきことであります。

ARを使った教材もあります。これも実際に紙だけでは難しかった空間を認識し、立体感を理解するのにはとても有効です。せっかくの技術ですから、勉強する内容の理解をアシストすることが教材に求められるのです。どのようにしたら学習者が効果的に学べるかを一番に考えるということであれば、ARを使うことは積極的に行ってもよいはずです。今後、IT機器がさまざまな形で進化をすれば、色々な教材を作ることができます。今後は多様な形でのオンライン教育が出てくることでしょう。またそれを教師が選ぶといった場面も出てくるはずです。例えばVRを使ったものもできるでしょう。

しかし、先端的な技術を埋め込めばよいということではありません。そのためにはICT環境整備の設計も必要となってきます。教材開発の場面でいい加減に紙の教材を上げるだけでしっかりした設計をしなければ、教育には大きな影響をもたらすと思います。読むことの方法が変化するので、学習変容が起こることは間違いありません。また、交流学習としてのコミュニティーの再編が必要で、それを教師がデザインしていくこと、つまり読むことを戦略的にデザインし、教室の授業形態を変化させる必要があります。

オンライン教育のやり方によっては2つの大きな格差が起きるでしょう。1つの格差はICT環境の整備上の格差です。もう1つの格差はオンライン授業の方法上の格差です。特に家でオンライン教育を受けることができる、できないという格差があればあるほど、教師側が家庭学習を促すことはできなくなってしまいます。

では教師はどのように指導すればいいのでしょうか。古典的な教育方法からみていくと、例えば、学習理論からの視座としてはピアジェ（Piaget,J.）が有名です。児童の抽象的思考を発達段階理論からみるピアジェによる構成主義という概念があります。これは、人の学習や発達は、個人と環境との相互作用の中で育まれるものである、というものです。

　また、1930〜40年代のジョン・デューイ（Dewey,J.）は生活適応型の経験主義教育のカリキュラム理論が有名です。海外に行くと数学などでもジョン・デューイの理論に根差した教育を行っているところは少なくないようです。

　デューイによれば、学習者が自ら課題を扱うこと、つまり「することによって学ぶ」という方法をとれば、そうすることで自分自身の課題を引き出すことが可能となると述べています。カリキュラムの中に導入することの必要性を強調しているのです。

　デューイから学ぶことは、画一的なカリキュラムではなく、目的や価値によって学ぶ実践こそが教育の成果を決定するのであり、具体的な教育上の経験が全ての探求の源にあるということです。

　また、フランスの教育実践家であるフレネ（Freinet, C.）は子どもたちに自由作文を書かせ、それを活字にして学習テキストにし、学校の中で活動するという教育方法を実践しました。フレイレの成人識字教育では、貧困や抑圧という社会的側面が強く出ていたのに対し、フレネの教育方法では子どもの生活や興味関心が前に出ています。フレネとフレイレ2人

の共通点はなかなかみえにくいように思いますが、どちらの実践も自分と周囲との関係を築き直すという共通した構造を持っているとされています。

　このように自分の目標に応じた課題活動を引きだすことのできる教材を導入することは教育にとって望ましいことの1つと考えられるため、オンライン教材を作成する時のヒントになることでしょう。全ての子どもに同一の学習課程やカリキュラムを強制するのは、たとえ、よく意図されたとしても、教育学の観点からみれば、明らかに総計主義となるでしょう。

　さらには、1950〜60年代のブルーナー（Bluner,J.S.）の発見学習理論があります。発見学習とは、学習者自身が結論を導くためのプロセス（過程）を理解することによって、学習の目的である新しい知識や概念を学習者自身が渉猟することで、問題解決のプロセスを理解するといった学習方法です。この方法は、探究して模索するのは学習者自身であるということによって、内発的な動機づけが育まれるとともに、記憶の定着がしやすい知的追求力が高まる側面があります。

　オンラインありきではなく、しっかりとした教育学の理念に基づき実践が行われている国は少なくありません。例えば、ブルーム（Bloom, B.）の理論をICT教育に援用し、授業実践を行うという例はオーストラリアのクイーンズランド州にあります。ブルームは1950年代に教育目標を明確に分類し、完全学習（Mastery Learning）理論を提唱しました。ICT教育を行うためにブルームの目標分類学（タキソノミー：Taxonomy）を教育に援用したのです。私はこの授業を実際には2014

年に海外で見てきました。「ブルームのタキソノミー理論（Bloom's Taxonomy）」は、ICT教育が中心となった海外では日々、実践内容とリンクさせ進化させています。それに伴い評価もそれに合わせた進化を遂げているのです。

**図2　ブルーム理論を引用したICT授業の構築図**

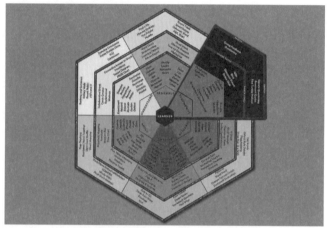

https://laidleyshs.eq.edu.au/SupportAndResources/FormsAndDocuments/
Documents/laidley-shs-pedagogical-framework--pdf,4.53mb-.pdf

　ブルーム理論を細分化し、ICT教育にも援用した事例はこの構築図にあります。ブルームの理論には、「それぞれの学習者に応じた指導方法や指導時間に変化をもたせないと、優れたカリキュラムであってもその内容を理解させることはできない」という考えがあります。個別化教育の立場に立つテーラーメイドの学習理論として、ここではブルームの学習

理論は再定義されているのです。

　ブルームの学習理論はモバイル端末を使った教育においても有効な学習方法であるとされていて、SNSの使い方をネット画面で体験的に学ぶというブルームの学習理論を援用した授業もあり、従来の暗記型の学習方法とは大きく異なる活動があったことにとても驚きました。

　教育実践としては、協同学習（cooperative learning）もオンラインの授業の場であっても取り入れることが可能です。協同学習のいくつかのモデルは社会的構成主義に密接に関連づけられています。協同学習はさまざまな形態のグループワークを行うものであり、学習者は社会的相互作用から学ぶというものです。社会的構成主義とは、社会的文化的な背景・他人との相互作用などを重視し、社会的な相互交渉の過程でこれらを捉える立場からの理論です。オンライン教材やシステムによる動的な学習プロセス環境の中で、どのように学習を展開し実現させていくのか、教育学に根差した構成主義からなる学習方法での協同学習はオンライン教育と関わりを持つことになるでしょう。

## 2.2 ICT機器の活用方法

　学校に、あるいは教室にICT環境がない、あるいは、家でインターネットに繋ぐことができないということはオンライン授業を受けることができなくなるということです。もちろん機器もなければなりません。学校でも日常的にオンライン学習をするためには、各教室でインターネットが繋がらなければなりません。もしそのような箇所が少ない場合はあらかじめ教材をダウンロードするということで対応しなければならず、教師の負担も増えてくるでしょう。

　オンラインで授業を日常的に行っている国には、こういった格差をなるべく小さくしようという試みがあります。自治体によってはポケットWi-Fiを配布したり、ネット接続料金を補助したりということがあります。また、家にパソコンがない場合は貸与したり、教室に予備のパソコンが数台あったりする光景もあります。もちろん日本の自治体でもそのような取り組みを行っているところがあります。

　どこの国でもまずはオンラインの導入段階でパソコン教室があるところが少なくありません。その後、電子黒板の導入や、各教室でノートパソコンを使用したり、BYOD（Bring your own device）を行ったりというプロセスがあります。ICT教育の進んでいる国々と日本の違う点は、低年齢から積極的に使うということです。そのため、家で使うよりも早く学校で使うということになります。

　生まれた時に見たものを母親とするヒナ鳥のように、パソコンは学習のための最強の道具だと思って使うのです。そこで大事なことは2点あります。まずはセキュリティについて学ばせることです。学校のパソコンをIDとパスワードを入力して使うことは履歴などが残るので気をつけて使うことを伝えなければならないでしょう。道を渡るときには「右を見て左を見て渡りましょう」ということを教えますが、それと同様に、学校でインターネットやパソコンを使うことはどういうことなのかを教えるということです。もう1点はそれを理解させた上で、いつでもどこでも使えるようにするということです。スペースの関係で教室に置けない場合は廊下に置いてもかまいません。つまり、情報モラルやセキュリティを教えつつ学習者に自由に使わせるということです。

　日本の場合、少なからず学校がパソコン教室に鍵をかけ、さらに、ある学校では内履きをさらにスリッパに履き替えることを徹底し、さらにはダブルブッキングをしないために事前に予約が必要な学校もありました。

　海外でもパソコン教室があるところも多いのですが、それと同時に教室や廊下などにパソコンを置いて、なるべく多くの子どもが使うこともできるように工夫し、やがて教室に1人1台のパソコンやタブレット端末が入るようになりました。そういったプロセスを経てBYODとなった学校では、20年ほどのしっかりしたセキュリティ教育を行いながらPCというのは勉強で使うもの、そしてインターネットの検索など勉強に使うことのできるさまざまな情報がたくさんあることを学び

ます。情報について学ぶ教科があるところもあります。

　これからはオンラインを使うことは特別ではないという学習環境を射程に入れて、学校に居てもいつでもどこでも繋ぐことができるようにしなければなりません。とは言え、いきなりというのは大変なことと思います。例えば経済的な理由でパソコンを買えない、あるいはネット環境がない家庭に補助することは大事です。そういった家庭にポケットWi-Fiを配った自治体もあります。

　将来的にはオンライン教育の長所である、「どこでも誰でも好きな時間に何回でも」勉強できるということを目ざしますが、このような時間の縛りから解放されるということができるように、またこれまでの一方方向の授業であるインプットだけでなく、双方向でむしろアウトプット重視になるように設計されるのが理想となります。学習者にその教材はどういった現実をどういうメディアの技術で構成され、形作られているのか、教具として使う場合は教師が、文具として使う場合は学習者がどう教材を使いこなすか、新たな視点でみていく時代になってきたのです。

　実際にどういった形でICT機器を使ってオンライン学習をすればよいのでしょうか。まずは学校でもオンライン学習を1割2割、かならず授業で使ってみることです。ミニドリルのような形でもよいですし、調べ学習でもかまいません。日常的に使っていることが、家庭で使う時にも功を奏します。教師の役割も柔軟性を持ったものでなければなりません。ファシリテートしたり、ガイドやメンターをしたりするよう

な役割も担っていくことが求められます。

　学校では教師も忙しい場合がありますので、ICTの支援員に補助してもらう方法があります。パソコンを導入した企業の人や保護者のボランティアでもよいです。教師が研修を受けて、ICT支援員の役割だけでなく研究授業のコーディネートをする国もあります。

　また小学校の中で比較的パソコンが得意な児童がメンターとなり、学習サポートを行うという方法もあります。ICTメンターとは1つのクラス内の学習者の中で比較的パソコンが得意な学習者をサポートに当たらせるという方法をとります。もちろん他学年の子どもが来てくれるケースもありますが、同じ授業時間の場合は同じクラスの学習者が望ましいです。例えばバックスペースキーを押すだけで解決するようなことを30人いるクラスのそれぞれが先生に質問していては先に進めません。まずは、学習者同士で解決することが基本で、それでもわからないことがあれば、教師に質問することです。教え合うことでスキルの向上も図られます。こういった自然な形でのアクティブラーニングの形で行っている海外の事例を多くみてきましたが、学習者が自分たちで解決する力がついたという教師の声も少なくありません。

　このように教師が学習者に教授するという形ではなく、教授法を変えていく必要があります。新しい力となる、自ら課題をみつけて探求できる力がついてくる方法はオンラインでも可能です。ただ教師の話をずっと聞いているだけでは集中力も落ちてしまいますし、何よりインプットだけでアウト

プットする力がつきません。そういったことをサポートするためにカリキュラムも変化させる必要があります。

　カリキュラムについては海外の場合、「情報」を科目として設定しているケースもあります。日本では情報科は高校に行かなければありません。朝読書のように朝の時間を利用したり、「総合」の時間を利用したりする、あるいは国語科の時間に文章を書かせる時にワープロソフトを使用するといった方法もあります。私が中学校で教えていた当時、デジタル紙芝居を作るという授業をしました。古典の「竹取物語」を勉強した上でそれを紙芝居にするのです。もちろん紙を使うことはせず、紙芝居をパソコンのペイント機能を使って作らせるというものです。生徒はデジタル紙芝居を作るために、ストーリーや内容をしっかり理解しなければならないため一石二鳥でした。

　「総合」の時間がスタートした学校では年間80時間以上も使っていました。100時間近いところもあって、その時間にパソコンを使うということもできました。高校生になれば、国語科の学習指導要領にプレゼンテーションソフトの活用や電子メールについても触れられています。「情報」の授業ではない国語科にそういった内容が入っていますので、まずはどういった方法が学習の定着を進ませることになるのかを考えつつ、ICT機器を使い慣れることも大事です。

## 2.3 オンライン教育の準備

　学校と家庭のオンライン環境があれば授業と既存の教材を組み合わせてすぐにスタートすることができます。しかしそれらをどう活用するのか、どこで使うのかを吟味する必要があります。基本的には機器にとらわれずに授業にどうオンラインを生かすかということが基本で、それはぶれないようにしなければなりませんが、やはり効果的に学習者のことを考えて使っていくにこしたことはないでしょう。

　自分で配信するために機器をそろえることが必要となってきます。高価な機器でなくても動画と音声が届けばいいと思いますが、色々と試行錯誤すると機材が欲しくなるケースもあります。ここで事例を交えながらご紹介しましょう。

　まずはカメラとマイクです。最近のパソコンにはWeb会議対応のカメラもマイクもついていますが、以前持っていたパソコンにはそういったものがなかったので購入して、オンラインで会議をしていました。新型コロナウイルスとは関係なく、これまで学会の会議がオンライン参加でもOKだったからです。当時はWebカメラとイヤホンなどをパソコンに差し込んで使っていました。面倒なアプリもなくただ差し込めば使えるため、とても楽なものでした。

　会議目的ならばWebカメラは一般的なものでも構いませんが、例えば授業などで教室全体を映したい場合は広角の機能があるものを使ってみる方法もあります。パソコンのカメ

ラも最近はかなり広角になっていますから、そこは実際に繋いでみてパソコンのカメラよりもより高性能を求めるようでしたら用途に合わせて判断するのがよいでしょう。

　スマートフォンをWebカメラとして使うこともできます。実はスマートフォンのカメラはかなりの優れものだと思います。iPhoneで動画を撮影し、パソコンを使わずにYouTubeに動画をアップして試してみましたが、パソコンでみてもよく映っていました。ちなみに、YouTubeに試しに投稿する場合は公開範囲を「限定公開」にすることを忘れないようにしてください。話を戻しますが、スマートフォンの使い方でよいところはアプリをインストールするとワイヤレスでパソコンに接続され、Webカメラとしても使えることです。

　他には一眼レフカメラを有線や無線でWebカメラとして使用する方法があります。たまたま持っていた一眼レフカメラがWebカメラになることは知らずに購入しましたが、実際にWebカメラで使ってみるととても綺麗な画面で、一般のWebカメラと違い、明らかに高画質です。OBS Studioというソフトをダウンロードしましたが、それ以外でも最近ではいわゆる画面の切り替え機器（スイッチャー）を使って手元のiPhoneとWebカメラとパソコン画面をボタン1つで切り替えができるというものを購入したことで楽になりました。持っているカメラがWebカメラでも大丈夫かどうかをインターネットなどで確認してみるのもよいと思います。

　一方、マイクについては高価なものでなくてもいいです。2千円くらいのマイクを購入して使ってみましたが、よかっ

たです。iPhoneで動画撮影し、YouTubeに投稿してみると外づけマイクを使った時はよい音でした。授業で使う場合は、学習者のことを考えて、聞きやすさに着目し比較してみると、外付けマイクの重要性がよくわかります。マイクについては1万円以上のものもあり、凝りだすときりがありませんが、前述した2千円程度の出費で声が綺麗になるなら、購入して試してみるのがよいかもしれません。

　マイクにはワイヤレスマイクという線の無いものもありますから、使う場所によって選ぶ方がよいかもしれません。授業でワイヤレスマイクを使うことが多いのですが、どうしても口元に近づけて話をしてしまい、息を吹きかける音が気になっていました。その場合はウインドジャマーをマイクにつけることをお勧めします。よくマイクにふわふわした毛のようなものが装着されているのをみることがあると思いますが、これは風の強い外で風切り音を軽減するため主に使われたり、授業でも息の強いフーっという音は少し軽減されたりします。

　マイクには指向性マイクというものがあって、それには単一指向性と双指向性の2タイプがあります。単一指向性マイクというのは教師の声のみを周囲の音を拾わずに録音することができます。最近では単一指向性に切り替え可能なマイクもあったり、ノイズキャンセラ機能がついていたりしているものもあります。授業で教師の声だけを拾いたい場合は単一指向性マイクがよいです。とても綺麗な声で録音できて技術の進化を感じます。音楽家の中には、ノイズキャンセラはよい音もカットされることがあってオススメしないという話

2

オンライン教育を始める前に

をする人もありますが、家でオンライン動画を撮影する場合、周囲の雑音が入らないようにするにはよいのではないかと思います。これらは私が使ってみた感想も含まれますが、やはり授業は毎日のことですからソフトで色々と調整する必要のない、シンプルに繋ぐだけで使えるものがよいと思います。

　さて、他にもウエアブルカメラという動画撮影用の小型カメラがあります。このカメラの一部はWebカメラとして使うことができるため、体育など動きのあるものの撮影ができます。高価な機器を使って高解像度な映像を提供するにこしたことはありませんが、受講する学習者のネット環境によってはかえって受講が難しくなることもあります。そういったことでわざわざ解像度を落として配信する教師もいました。受講側でも解像度を選べる機能があるケースもあるため、注意すべき点は教師の方で家庭のネット環境によってはそういった機能があることを伝え、家のネット環境に合わせた形で受講させるということも可能となっています。

　最後に照明です。照明を気にしないと表情が暗くみえることがあります。後ろからだと逆光となるケースです。顔色が悪くみえるのは前述したノンバーバルコミュニケーション的にマイナスですので、少しまぶしいかもしれませんが前方に置くことがよいとされています。TVなどの撮影現場でライトが大きく目の前にあって、驚くことがあるかもしれません。家ではそこまでのライトは必要ありませんが、前に置くのと後ろから照らされるのでは大きな違いがあることを知っておくことは大事なことです。

凝った方法の中には「3点照明」というものがあります。顔に影ができないように3つものライトを使う方法です。家では3つも使うことはできないと思いますので、1つのライトを上からあてるようにすると顔の影ができにくくなります。学校で照明器具を購入することが難しい場合は、昼間の教室は窓側が比較的明るいので壁を背にして明るい方を向くように心がけるとよいと思います。照明を少し気にかけるだけで印象が違ってきます。

## 2.4 オンライン教育と評価

　オンライン教育を始める前に評価を理解することも必要となってきます。かつての小学校は相対評価で成績をつけていました。これはクラス全体のどこにいるかで成績が決まってくるもので、優秀なクラスメイトが数人いるとどんなに頑張ってもよい成績をとることができないものでした。しかし現在は絶対評価となり、到達度評価も用いられるようになりました。また、観点別評価というオンラインに向かう関心意欲態度などや、表現力を、教師の判断でつけるだけでなく、自己評価でつけるというものもあります。

　私が海外のオンライン教育を視察した時にみたのは「形成的評価」でした。これはオンライン教育を行ってみてすぐにその内容をどの程度理解したかを評価した上で、その評価を基にやり方を変えたり、補足したりするという方法です。訪問したオーストラリアでは授業の最後に必ずアンケートを取ります。その授業が難しいという声が多かった場合には、次の時間の内容を復習中心にし、簡単という声があった場合にはスピードアップするなどの指導計画の変更を行っていました。

　古くからあるルーブリック評価基準を使うパフォーマンス評価というものがあります。この方法は、自分の評価を可視化し、評価規準を将来必要なスキルに合わせた形でICT教育に最適化させています。ルーブリックは、表現力については

みられる、みられないという声に分かれますが、思考力については難しい部分もあります。1990年ぐらいには、あるいはもっと前から教育を専攻する私はルーブリック評価についての研究論文を目にしていました。2000年に入ってから私はルーブリックの評価を行っている欧州の小学校を視察しましたが、評価の観点が多すぎて「日本で丁寧にやるのは大変なことだ」と感じました。

その後、2010年に西オーストラリアでメディア・リテラシーの評価としてルーブリック評価が使われているという研究論文をみて、実際の使われ方を調査に行きました。決して新しくない評価ではありますが、欧州などではデジタルポートフォリオで使われていました。日本ではなかなか定着しないICTありきの評価ですが、今ではICT化によって海外では1人1台のパソコンで小学生でも自分の評価をシミュレーションしていくというフェイズに入ってきています。

このように海外の先進国では、デジタルポートフォリオとして写真や作成したパワーポイントなどを、どんどんクラウド上にアップしていく様子がみられます。以前のように大量の授業の成果物を年度末に家に持ち帰るという光景は、全てがオンラインで行われるため無くなりつつあります。他にはピアアセスメントという相互評価やパフォーマンス評価も増えてきています。ピアアセスメントは教師同士の評価に使われることもあります。評価の基準や規準を作ってきた現場の教師は自分で評価を作ると、それに沿った授業ができたりテストを作ったりすることができます。しかし他人の作った評

価規準だとなかなかそれに合わせることが大変です。小学校では学年共通に評価をし、中学校では高校入試もあってしっかりと評価規準を合わせなくてはならないので、現場の教師の皆さんは色々と苦労されていると思います。

　評価については、海外に比べて個々の教師が創意工夫できるようなフレキシビリティが少ないのが日本の現状です。

SECTION 3

# オンライン教育を
# 生かす

## 3.1 電子図書館とオンライン教育

　21世紀に入り著作物の電子化の流れが加速しています。電子著作物はインターネットが繋がればネットワークを使って全ての利用者側にあまねく提供していくことができるのが利点です。これまで日本の国立国会図書館においても、所蔵資料の媒体変換は実施されていましたが、2009年度以降の媒体変換において原則電子化といった方向になりました。マイクロフィルムなどもその対象となります。オンライン教育においてはこういった著作物を使わないという手はありません。

　電子図書館のサービスは、コンピュータや情報通信機器の発展に支えられ、今後の高度情報社会、ネットワーク社会における情報の新しい基盤センターとして大きな可能性を持っています。オンライン教育でもアクティブラーニングを取り入れた活動がありますが、学校図書館にもそういった世界の電子図書館のハブとしてオンライン教育に対応したものになるのが理想形ではないかと思います。

　世界のさまざまな図書館でデジタルコンテンツの量が膨大になってくる中で、日本の図書館のみならず、世界中の図書館に授業で自由にアクセスできることが大変有益です。インターネットから電子図書館に繋ぐことにより膨大な資料が閲覧可能であるため、授業でアクセスすることにはメリットがあります。また、効果的に使用することが情報活用能力を

育成することになり、これまでに無かった新しい教育形態によって授業が行われることも考えられます。

　2010年の韓国では韓国国立中央図書館電子図書館（The National Library of Korea Digital Library）に国立中央図書館よりアーカイブされた原本が多くあり、著作権がフリーになったか、または使用許諾を得た本が所蔵されています。その中で15万冊以上は国立中央図書館と国立電子図書館を通じて、自宅でも無料で利用可能でした。また、同時期のニューヨーク公共図書館（New York Public Library, 略称：NYPL）に訪れた時にはワークショップなどが頻繁に開催され、「ティーンサービス」と呼ばれる10代へのさまざまなサービス提供も充実していました。インターネットからアクセスできるデジタル・ギャラリーがあり、そこにはパソコンも設置され、自由にインターネットが使うことができました。

　ボストンの公共図書館（Boston Public Library, 略称：BPL）でも既に全館無料Wi-Fiが完備され、館内全てのエリアで、フリーにアクセスできました。電子リソースをプロデュースする情報コミュニティーセンターとしての役割を果たすため、インフラとしての高速回線の設置は図書館にとって目新しいものではありませんでした。小学生でも自由にネットを閲覧でき、検索が可能です。ランチを図書館で提供し、イベントも開催し、毎週末には「テクノロジーワークショップ」が開催されていました。電子書籍や写真、マルチスクリプト、地図などのサービス、リポジトリ（repository）が充実しています。ティーンズ用の部屋にもパソコンがありました。そ

のアメリカでは、著作権クリアランスセンター（Copyright Clearance Center）、米国著作権法（US Copyright Law）等にリンクしています。ニューヨーク公立図書館は著作権クリアランスセンターに登録されていて、デジタルユーザーは、著作権の使用料をセンターに支払うことになっていました。

　ここでは、コンテンツのライセンスを簡素化して提供をし「ライセンシングソリューションについて学ぶ」「著作権について学ぶ」「著作権を登録する」といった使い方がなされ、著作権についての複雑な論争が起こることのないようにとしていたのでした。日本ではオンライン教育での授業の際には自由に閲覧することができるような手立てが必要でした。

　一方、日本の国立国会図書館では電子著作物に関して「閲覧（ディスプレイ）」「プリントアウト（複製も含む）」「ダウンロード」「ナビゲーション」の4点について検討されていました。特に「ダウンロード」に関してはこれまでの利用にはなかった新たな提供形態だとして、当時は「プリントアウトと比べ、ダウンロードの場合には著作者等の利益に大きな影響を与える可能性が高いことに留意しなければならない」とされていました。

　日本の学校にある各学校図書館がハブとなって、学校で使う教材へ自由にアクセスしてダウンロードできるようなシステム構築を行う拠点となることがよいのではと前述しましたが、ますますオンライン教育が進む中で教師や学習者の著作権教育の必要性も問われることになると思います。日本の図書館にも教育の機関と連携して、著作権処理を行うことがで

きるような機関となってくるだろうと思います。デジタル化にともない著作権を制限する動きもあります。

　未来の学校では学校図書館が情報センターとなって世界中の資料にアクセスできる拠点になること、そのために日本にも教師が電話1本ですぐにアクセスできる公立のクリアランスセンターを作ることが求められてくるでしょう。

## 3.2 MOOCによるオンライン教育

　MOOCとは、大規模公開オンライン講義を意味する
Massive Open Online Courseの略称です。インターネット
を使って、大学レベル、最近では高校生や中学生以下の学習
内容の授業を公開するもので、実際に行われている授業が公
開されているものも多く、日本でも大学であります。

　その授業はインターネットが繋がる世界中、どこでも無料
でみることができるもので、高校生や中学生だけでなく小学
生も視聴しています。特別優秀な学習者にはその大学で奨学
金を出してもらえ、留学する機会も与えられるケースもあり
ます。アメリカではテストに合格すれば単位取得の修了書を
もらえる場合もあり、何千万人もの利用者がいると言われて
います。

　特に2000年を越えたあたりからICT利用の普及に伴い、
色々なメディアを使った教育が行われはじめました。日本で
も高等教育においてOCW（オープンコースウェア：Open Course
Ware）が始まりました。OCWとは、大学などの高等教育機
関の講義資料や教材をネットで無償公開することができるも
ので、遠隔教育とe-learning教室での教育の授業の枠組みを
大きく変化させるのではないかという期待がされてきました。

　大学等で正規に提供された講義と関連情報としてイン
ターネット上での無償公開されたものがあり、コースウェ
ア（CW）の質の向上とコストパフォーマンスのために、高

度なマルチメディア処理技術の開発が求められます。日本で最初に研究者の間で話題になったのはMITのOCW、カーネギーメロン大学のOpen LearningやOpen & Free Courses、Open Learning Initiativeの例です。

　OCWは今後、リソースの共有が促進されるとともに、大学だけでなく小中高校の教師もその重要性と英語圏におけるリソースの豊富さを理解する必要があるでしょう。コースウェアの質の向上が進み、高度なマルチメディアの処理技術が開発されることにより、コストパフォーマンスを考慮したデータから、豊富な教材コンテンツを作成することによって、教育の有用性が高まると考えられます。

　まだまだ現状においてOCWは、日本語版の豊富な教材コンテンツがあるとは言えず、授業で使用する場合、Webサイトから最も適切なコンテンツをみつけるのに時間がかかるという声もあります。逆に海外ではリソースが豊富すぎてどれを使ったらよいかがわからないというくらい贅沢な状況になっています。

　今後は日本でも、OCWにおける成績評価の標準化や国際標準化、教育達成度が求められていくと思いますし、また、海外の豊富なコンテンツを授業で導入する場合、英語力の強化も求められることでしょう。

　一方、オープンでフリーな教材の著作権をどう扱うかは、意見が分かれるのが現状です。教育の質の保証について、特に日本の教育現場では何より社会的信頼とアウトカムについての客観評価が必要とされるからです。その点、海外では気

軽に学校でも使っています。日本もこれから1人1台の学習ツールを持った場合、グローバル人材育成推進や教育の国際化関連の強化のためにも著作権フリーの扱いの教材の重要性が増していくことでしょう。

　学校内でインターネットの普及により、教室で教材をダウンロードしたり、デジタル図書館や博物館にアクセスして情報を閲覧したり、映像を使ってコミュニケーションすることもできるオープンエデュケーションは、デジタル教科書の可能性を高めることとなるでしょう。これらの普及により教育方法、授業の在り方にも変化をもたらすということがこれまでも言われていましたが、いよいよ現実に近づいてきました。

　例えばデジタル教科書は動画を含む多くの教材を盛り込んだり、動画を作成してやり取りしたり、内容を更新することが可能です。また、デジタル教科書は色々な機能を兼ね備えているため、学習に必要な情報にアクセスするだけでなくコミュニケーションツールとしても使うことができます。家でもインターネットが繋がれば学校と同じようなことが可能となります。

　また、学習者一人一人の学習履歴を記録し、その記録を活用し個々の学習履歴に応じた学習などを行うことも可能です。さらに、災害時の情報収集や安否確認などにも有効です。

　もちろん問題点もあります。インフラの問題やICTの支援員の在り方、活用事例やリソースの不足など、集約されていない問題点が指摘されています。また家庭でインターネットを繋げないという場合に格差が起きると言われています。家

庭でのインターネットについては自治体がポケットWi-Fiを提供したり通信料を補助したりする方法がありますし、クラウドの活用で好きな時間に宿題をダウンロードできるメリットは大きいでしょう。実はOCWのリソースが活用できるということは学習機会の平等を担保できるため、格差を無くすということに繋がります。

　さて、近年これまでインターネットの普及が進んでいなかったアフリカや南米の都市も高速インターネット回線に繋がるスポットを自治体が置くようになりました。そうなってくると勉強したくても学校に行くことができない子どもたちがMOOCで世界最先端の授業にアクセスすることができるのです。こういったことが起こると将来は世界の教育ランキングや経済に大きな変化が起こってくるようになるでしょう。

## 3.3 プログラミング教育とオンライン教育

　プログラミング教育をオンライン教育で行うメリットは大きいと思っています。実践される教師に伺っても、学習者それぞれの目標設定に合わせて好きな言語や教師を選び、能動的に視聴できる点がプログラミングの習得に合っているということです。優れた教師から配信される映像からプログラミングが好きになった、モチベーションが上がったという声を聞くことは少なくありません。

　また、フィンランドでは教師教育にもMOOCが使われています。私が訪れた学校では毎週水曜日の午後に教師がMOOCの動画を観てプログラミングをどう授業で教えたらよいかという研修を行っていました。その動画はアールト大学やヘルシンキ大学で作られており、動画を作ったアールト大学の教師の所にもインタビューに行ったことがあります。プログラミングを教える教師を増やさないことには教育できないので動画を作るのが一番よいということでした。

　海外では、小中学校でパソコンは1人1台が当たり前ですが、フィンランドでは高校から必携ですので教師が教えても生徒は帰宅した後、好きなだけプログラミングを続けることができます。プログラミングは教わるのではなく自分でどんどん進めていくケースも少なくないため、動画ならば、わからないところを何回でも視聴できるので、わからないことがあっても効率よく勉強することができます。

効率ということを教育で言うことが憚られることもありますが、子どもたちにとってわかっている漢字を何回も書かせて学習させるということに価値はあまりないと思います。字を綺麗に書いたり、集中力を高めるというメリットはありますが、まだ習得していない漢字をアダプティブに選んで書いたり、もっと生産性の高いことで集中力を高める方がよいと思います。

　例えば生配信の動画と録画とどちらがよいかというと、どちらもメリットはありますが、録画でしょう。なぜかというと録画は生配信の無駄な部分を編集してわかりやすくできるからです。よく「板書のスピードは学習者が考える時間に合わせられるからよい」という人がいます。しかしこの意見は「全ての学習者の理解度のスピードは同じではないこと」の視点が欠けています。動画なら理解が早い学習者は効率よく動画を視聴でき、理解できなかった場所は繰り返し視聴することが可能なのです。

　そもそも1クラス30人から40人の学習者全員が、教師の板書のスピードに合わせて理解することはできません。8割が理解したら次の単元に行くのが一般的なスタイルです。1割の学習者は先生のスピードが速くて理解できない、その反対に1割の学習者は遅く感じることがあっても我慢するということが生じてきます。

　このようにプログラミングであってもオンライン教育でやることの意味は大きいと思います。つまずいた時にさっと聞くことのできる状況があると、一層効率的に学ぶことができ

ます。アメリカの大学ではオンライン教育で学ぶ際、24時間対応の教師を置くところもあります。アメリカ時間で夜中の場合は時差のあるインドの教師とネット上で繋がるようにするという話も聞いたことがあります。オンライン教育をサポートする体制が整っていることが、学習者にとっては励みにもなり学習を進めることができるのです。

　すでにスマートフォンを持つことが当たり前になった今、汎用AI（人工知能）の導入で高度にオートメーション化される社会へ向かっており、その結果、多くの失業者を生み出すとも言われています。このようなことから、子どもたちに早いうちに将来に備え生きる力をつけなければといった考えや、コンピュータが身近になったことで、コンピュータの理解やプログラミング的思考が必要だという声があります。

　フィンランドでは、グループディスカッションをしながらゲームを作るというクリエイティブなアクティブラーニングの授業を視察しました。プログラミングは「いつもこのように学習者主体で行われる」と述べた教師もいました。そういった教師たちの教員研修は週1回MOOCで受けているのです。

## 3.4 アプリケーションを使ったオンライン教育

　オンライン教育にはアプリケーションを使って行われるものもあります。海外では多くの教育用アプリが存在します。私が2014年に、韓国で頂いた冊子に「教育アプリ100選」というのがありました。これは国が推奨する教育アプリのことが掲載されています。日本の文部科学省のようなところから冊子を出していたのです。韓国だけでなく、フィンランドのアプリは、詳しくは後述しますがWILMA（ウィルマ）と言います。これは、学校が生徒を管理する公務情報システムで、このライセンスはヘルシンキ市が所有しています。生徒と保護者はスマートフォンのアプリで教師とやり取りをすることができます。教師は、ウィルマを介して生徒の出席状況や個人情報を更新し、本人はもちろんのこと、保護者もこれをみることができますし、ユーザー名とパスワードでアクセスすることができます。しかし、保護者は生徒が18歳になるまでしかパスワードを持つことはできません。

　今では、こういったアプリを使ってスマートフォンやタブレットから個々の学習者に最適化されたオンライン教育を受けることが可能となっています。オンライン学習における動画の教材は、どのような順番で、それぞれどれくらいの時間学習したのか、何回目の視聴なのかなどが、データとして取得できます。また、学習者が再生をスタートするだけでなく、一時停止や早送り、再生の終了を自ら能動的に行うことが可

3

オンライン教育を生かす

能となっています。さらに、ちょっと気になる所を視聴する
だけでも、どっぷりと最後まで視聴したり繰り返し視聴した
りするデータ取得も可能です。インターネットでも検索可能
な知識の取得については、教師の授業が撮影されたものを学
習者に最適化されたプログラムで学習できるので、効率のよ
い学習効果が得られると言えます。

　ビッグデータから学習者の成長プロセスの最適化を図り、
テーラーメイドの学習の提供が可能となるのです。パーソナ
ライズされたアダプティブな学習スタイルが今後重要となっ
てくるでしょう。

　これまで教育データと言えば、アンケートや参与観察、成
績から得られるものがほとんどでした。それを解析するため
のソフトもあまり多くなく、「暗黙知」という概念も教育学
の中ではあると言われている時代がありました。もちろん今
でも暗黙知の研究をしている学者もいるようですが、その研
究内容は大量のデータを一気に解析できる時代の研究とは異
なっています。24時間365日の学習行動がわかるビッグデー
タの時代が到来したのです。

　2000年頃までは、授業の様子を全てビデオに撮って、そ
の教師と生徒のやり取りを一言も漏らさずに文字に起こした
ものでした。1時間の授業をテープ起こしに要した時間が8
時間近くなることもありました。それがICTによって様相が
変わったのです。

　正誤だけでなく解答の有無やかかった時間、理解度等の
データを解析することで個別のチューニングが可能となりま

す。就活のサイトなど、そういった個人の特徴をデータにしたりもします。今はAIで分析することもあるので、そういうスタイルに慣れておくことも必要かもしれません。そもそも、教育データとは学習すべきコンテンツの提供を個別最適化するために取るデータなのです。

これまでもオフラインでの定期テストや模試などのテストの解答データを集めることはやってきていますが、オンラインにすることで更なるデータが集まることによって精度が上昇します。実際は各学習者に最適な学習コンテンツを推薦するのだけでなく、学習履歴のデータ解析により目標に合わせた学習計画を立てることができます。このことにより、成績評価にないパフォーマンス評価を行うこともできます。パフォーマンス評価とは学習者が課題を達成するプロセスやその成果について、あらかじめ設定された評価の規準と基準が用いられます。プロセスを重視という言葉がよく聞かれますが、長いスパンで色々な解析が可能となるのです。これは個々の学習者に合ったツールを使用して行われるもので、そういったテーラーメイドの教育はこれからのオンライン教育のトレンドになっていくでしょう。トレンドというと教育の世界で使うのははばかられるかもしれませんが、実際、時代に合った方法で評価を行うことによって学習意欲を喚起させ、将来の目標がより明確になるのです。

驚くことに海外では学習者自身が自分のデータを解析して勉強の計画をたてるフェイズに来ているところもあり、それによって個別最適化されたカリキュラムで総合的に最適な学

習をすすめることが可能となるのです。この背景には、グローバル化した世界の中で1つの国の学力基準ではもはや限界があるという考え方があります。特にヨーロッパでは、自国の基準を超えてEU諸国などのデータを学習者が分析するということが可能になっています。

SECTION 4

# 学校で行われる
# オンライン教育

**4.1** 「学びを止めない」を前提とした事例

　休校となっても学びを止めないで学習できるのがオンライン教育の強みです。海外の学校では休校という概念を持たない学校もあります。実際に災害などで学校がクローズしてもオンラインで教育が続くのです。新型コロナウイルスももちろんですし、これから自然災害が多くなる可能性も指摘され、学校再開になって平常授業に戻った時点でも第2波・第3波に備えるための取り組みを切れ目なく続ける必要があります。

　こういったことを実践されている栃木県那須町の事例を紹介します。那須町がオンライン教育に大きく舵を切ったのは新型コロナウイルスで休校になった期間に文部科学省が「ICTを使わなかった自治体に説明責任が出てくる」「この非常時にさえICTを使わないのはなぜ？」という強いメッセージがYouTubeで流されたことでした。これをみた那須町の教育委員会がオンライン教育をスタートさせるために色々なことを行いました。そのポイントは3点あります。

・ ICT研修はもちろんのこと、スタートした教師の疑問にすぐ答える。
・ クラウドをデュアル（2つ併用で）で使うこと。
・ セキュリティについての考え方を共有する。

　那須町の教育委員会のH先生は「教育委員会の役割は学校現場をサポートすること」と明言されています。スタンスと

しては「デジタルかアナログか、オンラインかオフラインかではなく両輪で行こう」です。理由は、何もしないことは格差に繋がることになるからということです。「できない理由を考えるのではなく、どうしたらできるかを考える」ということでオンライン教育に向けた取り組みが始まりました。モバイルルーター貸し出しも行いました。

特に休校期間中にGoogleチャットで「何でも相談ルーム」を作って以来、熱心に研究されている教師からの色々な質問が絶え間なく飛んでくるようになったそうです。ほとんどの質問はその日の内に即解決しているので、教師も悩む時間が減って喜んでいるそうです。

画面をみないと解決できないことはZoomで接続して画面を映しながらサポートすれば、10分もせずに解決すると言います。驚くことに、現場の悩みを打ち明けてくれる教師もいたそうです。相談があれば解決できることもあるので、教師とのホットラインは大切でしょう。

またクラウドに関しても使い勝手はトラブル予防に2つのクラウドを使うという方法で対応し、使い方や授業で学習者が使うための設定については色々と研修を考えたそうです。学習用にはG Suite、校務用にはMicrosoft365を使いました。

設定では、兄弟姉妹がいるケースですと、1つの端末のGoogleクラスルームに複数のG Suiteアカウントを設定して切り替えて使えるのですが、そもそも個人で使っているとアカウント切り替えなどやったことが無い教師がほとんどですので、サポートは重要です。クラウドシステムの安定性は高

いとはいえ、完ぺきではありませんので、デュアルクラウド
にしておくことで学びのインフラにもバックアップを持って
おきたいという意図があるということだそうです。

　これは海外でも行われている事例ですが、那須町も保護者
も一緒に学校でICT勉強会をやるという機会を設けて、家庭
も巻き込みながら進め、家庭のタブレットやスマホのアプリ
インストール・設定をする場を積極的に進めている小学校も
あります。一部の試験的な取り組みでしたが、自宅の端末を
授業に持ってきて使うという（BYOD）実践をした事例もあっ
たそうです。

## 4.2 試験制度をオンラインにした事例

　さて海外にも目を向けていきましょう。フィンランドのオンライン授業は長いこと既に整備されてきたICT環境を活用したものです。そもそも遠隔授業の基盤は初めからほぼ確保されていました。フィンランドはかつて携帯のNOKIAが有名でしたが、普及した理由は人口密度が低く、遠く離れた場所に電柱を1本1本建てて有線で繋ぐよりもコストパフォーマンスがよかったからという理由もあります。

　普段の授業で使っているツールをフィンランドの子どもたちに聞いたところ、例えば中学校はGoogleベース（Google Classroom, Google Meet, Google Docs）、高校はMicrosoftベース（Office 365, Microsoft Teams）と色々です。

　学校との連絡には、「WILMA」というフィンランドの学校で広く使用されている専用アプリ（子どもが未成年の場合は保護者にもアカウント配布）を使い、クラス内の情報共有にはWhats Appを使用しているという学校もあります。

　新型コロナウイルスで定期テストもオンラインで行ったそうです。使用したのは、教科書や教材（デジタル・紙）を作っている大手出版社が構築したオンライン試験システムとのことで、本来は有償サービスのところ、今回のコロナ禍の影響で出版社が無償で提供したものもあったり、教師が自作したものもありました。

　フィンランドのオンライン教育がうまくいったポイントは

3つあると思います。

- **高校はノートパソコンが必携で小中学校も授業で日常的にPCを使う。**
- **公務情報システムはアプリを使ってスマートフォンからもアクセス可能。**
- **テストは電子試験システムで行う。**

　フィンランドにはAbittiという電子試験システムがありますが、試験は数年前に電子化が完了、試験会場では自分のデバイスを使用しますが、普段の定期テストでもこのシステムを使って、使い方に慣れていきます。また、校務支援システムはWILMAと言います。これは学校が学習者を管理するWebベースのシステムです。また、保護者が学習者の出欠席や学習の状況等を、インターネットを通じて把握できるシステムでもあります。スマートフォンのアプリなどが併用され運用されています。

　宿題の内容や様子については、使う学習者はもちろんのこと、保護者もこれを見ることができます。保護者もユーザー名とパスワードでアクセスすることができ、子どもが18歳になるまでパスワードを保護者が管理することができますが、それ以降はたとえ親でもログインできません。

　学校ではWebに入力されている宿題に自分の持っているタブレット端末からアクセスを行い、宿題を確認したり、教科書を見て教師の説明を理解しようとしたりしていました。

　教師のインタビューから、学習者が誤答をすることや、解答した結果よりも、その思考プロセスを重視する傾向がみら

れました。また、教師が後から採点するよりも、その場で学習者が正誤をチェックする方が成績の向上がみられた例が多かったようです。

　状況によっては、再び遠隔授業を行うことも検討されているそうです。一方方向でするものではなくインタラクティブな双方向性のあるものも少なくありません。学習者は、日中はそれぞれ自分の部屋でオンライン授業を受け、家庭科の調理実習では自分でメニューを決めて保護者からのフィードバックを提出するというものもありました。美味しくできたか、調理器具や食器の扱いや後片付けなどを保護者がコメントしていたと思います。

　小学生であっても、学校以外の時間は友達とのオンラインミーティング、ジョギングやサイクリング、犬との散歩やドッグスポーツのトレーニング（フィンランドでは、屋外活動は禁止されていません）、ゲーム、お菓子作りなどをしたり、ピアノやバイオリンなどの楽器のレッスンも教師とオンラインでやっていたそうです。

　もともとICTを利活用してきた環境があったとはいえ、学校の緊急時対応はとても迅速で、遠隔授業への移行もスムーズで保護者からは好評だったようでした。

　日本と歴史的な背景や政治観、教育観の色々な違いがある中で、参考になる点が多いフィンランド。私も以前何回かフィンランドを調査訪問しました。フィンランドを含む北欧はOECDによるPISA調査後、achievements（成果）は国際的な関心となったことがありました。そういった中でもランキ

ングが下がることを気にすることなく授業訪問調査したほとんどの学校が移民を受け入れ、異なる言語や文化を持つ児童生徒が同じ教室にいるということも少なくありません。もともとフィンランドは英語とスウェーデン語が公用語となっているので色々な言語を小学校から学ぶことが少なくないのです。

　フィンランドでは小学校でもプログラミング教育が2016年から（プレカリキュラムからだと2014年から）小学校1年生から必修化され、各学校では2015年度から既に教科書のデジタル化が始まっています。ほぼ全ての学校で教科書がデジタル端末で見ることができます。特に2015年度に（新学期は秋）高校1年生になった生徒から、この学校の卒業試験は全てデジタル化された例もあるため、教室でもBYODが徐々に広がり、多くみられるようになりました。高校になると入学時からパソコンは必携で、学費や給食は引き続き無料ですが、教材は自己負担となるため、ノートパソコン、関数電卓ソフト、教科書などは家庭で購入する必要があります。

　こういったフィンランドの卒業試験などの教育改革は、1852年に始まりました。その後、1994年、フィンランドの教育改革では、教師の修士号義務付け、カリキュラム編成の変換、及び教師の裁量拡大を行いました。

　新型コロナウイルスの対策としては、感染拡大の観点から緊急事態宣言が出る前に、教育制度の中で唯一の全国一斉試験である、大学入学資格試験が一部の試験を1週間前倒しで実施することが発表されました。

緊急事態宣言が出てからは、小学1〜3年生の希望者、支援を必要とする希望者以外は、オンラインの遠隔授業に移行しました。学校教育の実施は自治体の管轄となるため、授業に関する実際の細かい手配は、自治体や各校、現場の教師に委ねられたものの、ほとんどの自治体で遠隔授業はうまく実施できたと評価されているようです。

　フィンランドの学校は給食も含めて無償です。小学校の教師になるには大学院を修了し教育学修士を取得しなければなりませんし、中高生の教員は自分の専門分野の修士号を取得した上で教員養成課程を履修し、修了しなくてはなりません。実は、フィンランドの教科書検定は数十年前に廃止されており、実際の授業で使用する教材の選択や授業の進め方についても、教師の大きな裁量に任されています。小学校では湖や森などに行き植物などの観察を行うということもよくありますが、現行のコアカリキュラムに基づく大きな概念としては、教室での勉強だけに留まらず、生涯を通じた学びを見据えた「学び方を学ぶ」という考え方が重視されています。

　知識を伝達するだけの授業ではなく、一人一人の能力や目標に応じて学び、卒業後に通じる学びを支援していくことを重視しています。そういったことは一斉授業よりも手がかかるため、教師はICTを使い、学校には保健師、スクールサイコロジスト、スクールソーシャルワーカーが在籍しています。ICTとの両輪でフィンランドの教育は行われています。

## 4.3 オンライン教育でもアクティブラーニング

　デンマークは酪農国というイメージがあります。しかし実際は2016年頃にデンマークを訪問した際、現金だけではバスに乗れないほどITが進んでいるという印象がありました。

　1960年代からオフィスのオンライン化にともない、女性の進出が図られました。特にその当時オフィスにいた女性は、オフィス事務やコンピュータなどの分野で、高齢となってもICTやスマートフォンを使いこなしているのではとの声もあります。

　学校の公務情報化は進んでいて、インターネット上でfirst classというソフトが使われていました。これは日本でも使われる事例がありますが、学習者が自由にアクセスできるものは少ないと思います。デンマークの学習者はそこにアクセスできますし、そもそも学校と保護者、担任と学習者のやりとりは全てデジタルです。インフラがあったからオンライン教育がすぐにできたということがわかりました。実際、私が数年前に訪れたどこの学校にも無線LANがありICT教育が当たり前のように行われていました。

　新型コロナウイルスによりロックダウンが始まった2020年3月16日には、小学校5年生と1年生のところに、担任教師から自宅学習指示のメールが届いたそうです。

　デンマーク国内全ての小学生、特に3年生以上は全員、毎日、自分でIDとパスワードでログインします。そして1日の

授業のスケジュールチェックし、宿題を確認します。5、6年生の高学年になれば、教師の基本的な指示はGoogleドライブで共有され、提出もオンラインです。また、スウェーデンの公立小学校でも使われていたカーンアカデミーや、民間のデジタル教材やオンライン教材を使ってるので、そもそも3割程度はいつもオンラインでの授業であったのが、このロックダウンで100%になったということでした。つまり、インフラがあったのでオンライン学習がすぐに始められたのだということです。日本でも災害などに備えて学校のインフラは必要だと感じました。

　実際、デンマークは基本的に普段から授業はアクティブラーニングで行われます。日本でやっているような一斉授業で、教師の話にペースを合わせてということは行いません。個人の興味や力量に合わせてグループワークをする授業方法が一般的なのです。オンラインであっても一斉授業ではないことがコンセプトです。

　オンライン教育に行きやすい教育の理由としては、日本のような細かい指導要領ではなく、プロジェクト型の学習を多く取り入れているということがあります。わからない時は教師にどんどん聞くこともできて先に進んで勉強することもできるそうです。

　1つの教室の中に、一斉授業のように教師の話を聞いている数人の学習者もいれば、別の教室では進度の似通った小学校が協同学習をしているといった学習スタイルです。他の場所ではマンツーマンで教師と学習者が教室の隅で授業をして

いた光景もあります。

　デンマーク郊外の学校に行って授業を見学したことを思い出しました。学校以外の場でも、数年前から宿題でもSNSを使って友人と全てネット上でやりとりしながら協同学習をしていたのでした。中学校くらいのレベルでの卒業試験はありますが、教師は成績評価はほとんど行いません。

　テスト内容は暗記をすればよいというものではなく、勉強のやり方を知っていればできる内容です。私が訪れた学校では暗記の代わりに、どういったウエブサイトをみたらよいかということをテスト勉強としていました。また、テスト中には自由にインターネットにアクセスしていました。テスト中にトイレに行って戻ってきても、スマートフォンを持っていてもよいというのに驚きました。テーマについて調べ、調べたものに対して自分の意見を持ち、それを論理的に構成して、プレゼンテーションするという授業方法です。自ら考えることは変化への対応力が身につき新型コロナウイルスのような想定外の事態にも対応できるようになると思いました。

## 4.4 オンライン教育で新型コロナウイルスでも 休校しなかった事例

　オーストラリアのクイーンズランド州の中学生や高校生に新型コロナウイルスで急にオンライン教育に一斉にシフトして大変だったのかと聞くと「何も変わらないですよ。家にいても、パソコンを使ってリアルタイムな時間にオンラインで学習しなければならないし。そうでなければ授業についていけないです。」とのことでした。

　学校では数学など週1程度のミニテストもいつでもパソコンで行うとのことでした。どこの学校でもWi-Fiがあるので授業は基本、パソコンを開いて教科書を見たり資料をダウンロードしたりして行います。毎日、毎時間使うので、ICT教育が前提です。

　インタビューしたミリーさんは、高1のための推奨スケジュールがあるため、休校になっても朝起きて、ほとんどの生徒が決められたスケジュール通りに行動していると述べていました。毎朝、各教科の教師から、スクールウエブサイトにメッセージがあるので、スクールのウエブサイトに校長先生からの動画メッセージがあがることもあります。これは日本で言う全校朝会のようなものだと思います。

　毎日、「Remote Learning」のボタンをクリックして、休校で家にいても、パソコン画面を見るとすぐに勉強する場所がわかりやすく表示されます。また、保護者専用のページも

あって、成績表はそこから親がダウンロードすることもできます。オンライン授業で困るのは化学の実験などの実習系だということだそうです。

生徒がスクールウエブサイトにログインすると、その中にフォルダーがあり、ワークシートに取り組んで、書いたものをスクリーンショットし、宿題のプリントをメールで送るという流れです。教師はウエブサイトにアップロードされている課題をダウンロードしたかどうかチェックしていますから、宿題を出さないと、教師から連絡が来ます。

もちろん、課題をやっていないと新学期は授業についていけないので、教師からは普段と変わらないように気配りがあり、カウンセリングで心の相談をネット上で受けられるようにもなります。そのため、家庭学習のコーディネータが必要です。保護者の意見としては、休校になっても学校に行ってもOKというのはよいという声がありました。また、教師はいちいち出席を取るのではなくログイン時間がわかるので出欠席のチェックも容易だということでした。

私が聞き取りをした保護者の多くは、オンラインでも学校に行っている時と同様に学校の始業時間と同時に自宅の椅子に着席して授業をやってもらってよかったという声が多く聞かれました。また、課題をクラウド上のポータルにあるから毎日見ているという熱心な保護者が多かったのが驚きでした。

オンラインの授業時間中にダウンロードしないと教師がチェックするし、課題がその時間内に終わらなければまたチェックしてもらえるので学校が休みでも大丈夫だと思った

という学習者の声もありました。クラスの朝会はInstagram
のLIVE配信で行った学校もあって、普段からSNSが使われる
ことが日常的だということでした。

　そもそもこれまでも宿題はWord文書で全て書きますし、
Teamsを使ってやりとりしていて、自治体で構築したク
ラウド上のポータルから宿題をダウンロードして学習してい
ます。全ての教科で毎日パソコンを使っていて教科書も全て
クラウド上にあるのでパソコンだけを持っていくスタイルな
のです。

　学校閉鎖があるかもしれないという段階から、新型コロナ
ウイルスの対策としてオンライン学習になることを州政府が
想定し、「授業で使っているパソコンを毎日自宅に持ち帰る
ように」と指示があったということはよかったという声が保
護者には多かったです。「小学生の時から1人1台学校の授業
で日常的に使っているからできる措置と思います。またICT
環境が整備できている学校では休校措置はせずともオンライ
ンで授業をすることができるのでよかったと感じます。」と
いった声もありました。

　しかし1人1台が可能である環境とはいえ、都市部と地方、
私立と公立の間でのオンライン学習格差はクイーンズランド
州でもまだあったようでした。一方、民間では、Googleが
「Google for Education」という遠隔学習支援プログラムを
持っています。特徴としては、学習者だけでなく、教師も学
ぶことができる教師教育用の動画があるという点です。

　そもそも、クイーンズランド州でも1人1台のBYODに―

気にシフトしたわけではありません。まず、教室や廊下に自由に使うことのできるパソコンを常備配置するということからICT化を始めて、その後、パソコン教室の設置と支援員の配備を行い、一方で教師研修やデジタル教材のプラットフォーム整備、デジタル教材制作を行ったという流れがあるのです。

　一方で、学校でも家でもデジタル教材の個別学習は、わざわざ学校で集ってやる必要はないとして、事前に動画をみて学校で議論をするという反転学習を取り入れたり、個別で学んだりすることは学習の定着が悪いので学校では行わない、という教師も多くいました。また、複数の教科を併せて学習する合科の方が効率よいといった学校もありました。

## 4.5 新教科「Computing」を入れる事例

　イギリスでは、1995年に小学校のナショナルカリキュラ
ムに教科「ICT教育」が入りました。これは日本で言えば、
小学校で教科「情報」が必修化されたイメージです。日本の
小学校に教科「情報」はありません。

　せっかく教科「ICT」が入ったにもかかわらず、イギリス
は2014年にはそれを廃止し、新しい教科「Computing」を
スタートさせました。理由としてはWordやExcelなどの使
い方を一斉授業で教えるだけで、学習者も受動的であるため、
新しい時代のニーズに即していないということからでした。
「オンライン教育を進化させている国の共通キーワードは小
学校の教科『情報』である。」と言っても過言ではないかも
しれません。ちなみに後述するニュージーランドにも「デジ
タルテクノロジー」という「情報」にあたる教科があります。

　さて、新しい教科「Computing」はどういった内容なの
でしょうか。カリキュラムの基本的な内容は3つの柱で構成
されています。デジタルリテラシーをベースに、コンピュー
タサイエンス、インフォメーションテクノロジーの内容がバ
ランスよく入っているものとなっています。特にコンピュー
タサイエンスの授業では、コンピューテーショナル・シンキ
ングや論理的な思考力を培うため、言語からさまざまなテキ
スト言語へ繋げさせるのだそうです。

　新しい教科「Computing」の授業を見学するために、イ

ギリスロンドン郊外にある中高一貫校のTownley Grammar
校を訪問し、A-Levelと言われる高校2・3年生のプログラミ
ングの授業を見学させてもらいました。授業中でもオンライ
ンで繋ぎながら、この教室の全生徒が1人1台のコンピュー
ターにアクセスし、使い方を教わることなく、色々と調べな
がら課題解決学習でプロジェクトを行っている様子がみられ
ました。

　この学校では積極的に小学校からの授業見学を受け入れ
ていました。小学校の教師がウェブまたは電話で申しこめば、
生徒と教師が一緒に教科「Computing」の授業を見学でき
るようになっているのです。副校長にインタビューしたとこ
ろ、こうした交流によって小学生がプログラミングの必要性
を理解すると同時に、小学校教師は教科「Computing」の
さまざまな教材と、それに沿った効果的な教育方法を知るこ
とができ、教師教育にもなっているということでした。そし
て、発達段階に合わせた言語で、段階的・系統的にプログ
ラミング教育を行っています。ウエブサイトにある豊富なリ

**図3　授業風景（Townley Grammar校）**

ソースがあります。

　こういった授業見学や外部機関の提供例は、教師が一人一人新たに教材を作ったり、指導案を考えたりすることへの負担軽減にも繋がっていました。また、ICTを取り扱ったり、プログラミング教育を行ったりできる教師の採用が今後の教育のキーポイントだと校長先生は述べていました。

　新設された新教科について外部機関が学校に教材や授業方法を提供しているのもイギリスの特徴でした。その1つに「デジタルスクールハウス」という機関があります。ここではカリキュラムやアセスメント、教科書教材なども提供しています。これらは企業から潤沢な資金を得て運営され、授業だけでなく柔軟な内容でワークショップの方法も教えることができます。この「デジタルスクールハウス」ウエブサイトには豊富なリソースがあり、教師が自由にダウンロードして授業で使うことができ、小・中学校での連携した系統的な教科学習も可能となる仕組みがありました。

　見学した授業では、教師によるパソコンの使い方指導はほとんどみられませんでした。プロジェクト型の授業方法でオンライン学習をベースに色々な情報を積極的に入手しながら課題解決している様子がみられました。アカデミックな多角的知識を統合するという教育にシフトしていることを実感しました。

　興味深かったのは教科「音楽」でのプログラミングの授業です。また、教科「プロダクト&デザイン」でレーザーカッターを使う木工の授業、さらに、デジタルストーリーテリン

グの手法を使ったプログラミング言語scratchの授業がありました。

図4　教科「音楽」でプログラミング（Townley Grammar校）

　もちろん日本の「総合学習」のような形でプログラミング教育が入っている国もあります。しかし教科として小中高と

系統的に情報を学んだり、ロボティクス教育などの導入をしたり等、週1時間、あるいは2時間としっかり学んでいる国があるのは事実です。

　新教科はどうスタートし、どのような基準があり、それをどう評価する試験が実施されるのでしょうか。実はICTに関する教育の評価機関はイギリスには4か所も存在し、評価は学習指導要領のようなナショナルカリキュラムと連動しています。

　NAACE（National Association of Advisers for Computers in England）は有名ですが、私はOCR（Oxford, Cambridge and RSA Examinations and Learning）、CAS（Computing at school）に訪問する機会を得ました。ここはICTリテラシーやICTを利用した教育推進&支援を行い、カリキュラムの提言までもするような教育関連団体や機関です。

　OCRは試験問題もイギリスの多くの学校で使われています。もはやイギリスにおいては、コンピュータを使うか使わないか、1人1台か否か、などというフェイズではありませんでした。OCRはイギリスの全ての学校が利用可能な学習プログラムや資格を提供しているケンブリッジ大学の附属機関で、全国的な試験問題作成だけでなく、授業評価の基準も作成していました。OCRに勤務しているComputer Science & ICTスペシャリストで試験を統括するエグザムボードであるヴェナイ氏［Vinay Thawait : Subject Specialist – Computer Science & ICT）］に話を伺いました。

　ヴェナイ氏は以前は高校の教師でしたが、1995年から始

まった教科「ICT」を教えていたと言います。教師の経験を生かし、教科「ICT」のエキスパートの教師がここOCRで雇用され、中高生の受ける全国規模で行われる試験や授業評価基準の作成に関わっていました。

「新教科は、コンピュテーショナルシンキング（Computational Thinking）、創造力（creativity）をつけるといったレベルの高い内容なので教職員の反対もあった。しかし、情報社会の進化が著しいため、やるしかないと思い、粛々と教師教育を進めている。」ということでした。

**図5　イギリスの教科「Computing」について説明しているヴェナイ氏**

　一方で、オンライン教育はセキュリティの概念も大事です。イギリスの名門、ウォーリック大学でカールストン教授にインタビューを行った時には、小学校のオンライン教育をする

際においては「子どもは4歳くらいから、道を渡る時には右を見て、左を見て渡るように教わるが、それと同じようにサイバーセキュリティに関しても4歳くらいから学ばなければならない。そして、8歳になったなら、楽しい活動を通してサイバーセキュリティについて勉強しなければならない。」と述べていました。

　カールストン教授はウォーリック大学のコンピュータ学部長であり、さまざまな大学のコンピュータ学部長が集う学会組織の会長でもあります。ネットに繋がるモバイル端末はタッチするだけでさまざまなものを駆動できるものとなっています。今や、モバイル教育はIoTを理解することだけでなく、子どもであってもサイバーセキュリティの概念が重要となってきたことを理解しました。このウォーリック大学は社会に出て働き、技術の進化に驚いてここに入学してきた学生が85〜90％もいるそうで、これまでの勉強では立ち行かないという思いに駆られて大学に再び入学することがあるのだそうです。

　小学校からのオンライン教育の延長線上には、最先端のテクノロジーを学ぶ大学に入る事例もあるそうですが、この大学のように学び直しもあるということです。カールストン教授によれば、IoTは既に技術開発のフェイズからセキュリティ対策へと移行していると言います。小学生であってもオンラインで教育を行う際には、セキュリティを学ぶフェイズに来ていることがわかります。

　さらに、ケンブリッジ大学にあるコンピュータラボラト

リー（Computer Laboratory）のロバート（Robert, H.）教授によれば、学生のプログラミングの学習状況は近年急激に変化していると言います。小中高の教科Computingの学習範囲にCS（コンピュータサイエンス）が入ったこともあり、大学に入る前の時点で90%以上の学生がプログラミングを経験しているのだそうです。日本もようやく2020年から小学校にプログラミング教育が入るというところですがそれより早い動きです。しかし、プログラミングのスキルについては、ロバート教授自身は小学校からの学習効果を過大評価はしていないということだそうです。

　大学が求めている学生とは「教えられたこと以上に考えることができる人」であるため、プログラミング教育は必須なこととはいえ、嫌いになると困るということで、オンラインで色々なことを学ぶことは大事だが、プログラミングについては「ある程度やったことがある程度で十分である。」ということでした。

　実際は「教えられたこと以上に考えることができる人」が大事であり、オンライン教育は自主的に学びを育成するため、よい効果があるのは間違いないようです。ケンブリッジ大学の特徴的な教育方法は、講義の他にスーパービジョン（Super Vision）と呼ばれる少人数の授業です。これはケンブリッジ大学教員1人に1人〜3人程度の少人数です。

　学生が小論文等を執筆し、輪読ののち感想を述べあうことです。教師と1対1で話をする貴重な時間です。こういった活動はオンラインであってもグループワークなどでも可能だ

図6　まるで体育館のような車の研究開発現場。この場所で学生たちは企業と共同研究をする。特に自動運転の研究をメインに行っているという。

図7　ウォーリック大学のキャンパス

Professor Carsten Maple：The Chair of the Council of Professors and Heads of Computing
University of Warwick.

ということです。1年次は1週間に4時間のスーパービジョン
の授業を受けるのですが、しかし、そのための準備時間は、
5時間から7時間、時には12時間かかると言います。その準
備についてはオンラインで効率的に行うこともできるのです。
　ケンブリッジ大学のコンピュータラボラトリーにいる学生
の半数は留学生で、彼らの出身国は東欧やバルト三国などの
国のトップレベルの学生で占められていると伺いました。各
国トップクラスの学生が入ってくるとはいえ、入学時点では
ITスキルにばらつきがあり、大学の高度な授業に慣れるた
めのウォーミングアップとして、1年生は「プログラミング」
「ハードウェア」「理論（基礎理論およびAIなど。実用や活用法も含

む)」「数学」の4領域の基礎を習うと言います。

日本でも使われているRaspberry Piはケンブリッジ大学で開発されたものです。

**図8 ケンブリッジ大学コンピュータラボラトリー**

# 4.6 ニュージーランドの小学校の教科「デジタル・テクノロジー」

　ニュージーランドの小学校では教科に「デジタル・テクノロジー」という教科があります。「デジタル・テクノロジー」という教科は木工やプログラミングの基礎はもちろんしますが、パソコンの使い方を教えるということはしません。なぜなら、パソコンの使い方を教えることの脱却からこの新教科が始まったからだと教師は言っていました。つまり以前からコンピュータを小学校で教える授業はあったということです。

　他にもさまざまな教科があります。例えば休み時間の小学生の「Enquiry（探究）」という授業です。この探究という授業は週2回（週2時間）行われます。中庭にもWi-Fiが飛んでいてChrome bookを片手にネットに繋いで学習をしていました。

　質問したら気軽に答えてくれました。4人が一人一人でそれぞれの時代のヒーローを調べて違いを比較するというもので、とてもわかりやすく授業の概要を教えてくれました。

　イギリスの教科「Computing」のさらに上をいくイメージです。大事な概念は、学習のProgress outcomes（過程重視）、Designing（デザイン）、Developing（開発）、Digital（デジタル）、Outcome（結果）を重視し、「exemplars, and snapshots」によって事例を示し、学習者の学習過程を記録に残すというものです。授業を見学した際、1人1台でオン

ライン教育が当たり前の環境で、学習のProgress outcomes
を一番重視しているように思いました。たまたま日本で地
震があった時に、授業中で調べ学習をしている児童から「今、
日本で地震があったよ。」と教えてくれたのにはびっくりし
ました。

　また、教科「デジタル・テクノロジー」の進化系として、
高校にある教科「音楽（デジタルミュージック）」「技術（メカト
ロニクス）」の授業に系統的に学習を繋げていくということも
あります。

　その他、ニュージーランドで特長的なのは、教科「デジタ
ル・テクノロジー」の他に、小学校におけるファイナンシャル
の授業で、フィンテックを学ぶ授業というのがあります。
フィンテックとはファイナンシャルとテクノロジーの合成語
のことで、ここで使われるフィンテックのツールは学校の授
業実践のために実装されたオンラインバンキングなどを使い、
創造的な学習方法で学習者がインターネット上の仮想空間の
中で、仮想通貨を利用するものです。

　仮想通貨の利用については将来的に現金に取って代わるか
もしれないということで、ニュージーランドではフィンテッ
クが公立小学校の正規のカリキュラムに入りました。仮想通
貨を使うサイバー空間を各小学校に提供するBanqerのファ
イナンシャルの授業は、バンカードルという仮想通貨を使い
ます。仮想の通貨のやりとりは教師と学習者の間、学習者と
学習者の間で行われます。例えば、教室のごみ拾いや学校の
ためになることをしたとみなされたり、スペルテストのよう

なものでトップになったりすると、教師によって仮想通貨を200ドルなどもらえます。もちろん各教師が金額や内容を設定し、ネット上でやりとりすることが可能です。むしろ各教師がカスタマイズして使っていました。

　例えば、遅刻は罰金などというクラスもありますし、基本的には、教師がその期間や金額を自由に設定することができます。教師の話では、「学習者が主体となる仮想の不動産取引、住宅ローンや賃貸料については、仮想の空間であっても体験することによって、税金についてまでも学ぶことができる。」ということでした。

　銀行口座の取引を自分で担当するパーソンインチャージの機能で、教師が設定した学習者の仮想の貯蓄口座に毎週金利が支払われたり、教師に住宅ローンの申請をして教師がそれを認められるかどうか審査したりといった仮想体験をも可能です。

　小学校では、オンライン上で学習者の判断で購入した仮想の物件を学習者が貸し出し、それで得た家賃の40%を住宅ローン資金に回すなどの事例もありました。

　学習者は仮想の不動産市場を探索し、抵当権を申請したり、ローンを返済したり、賃貸収入を集めたりという仮想体験もできます。チャルトンパークスクール（ニュージーランド）の6年生と7年生の担当教師は「学習者が熱意とモチベーションを持ちながら財政についての幅広いスキルとコンピテンシーを身に着けることができる。」「実際に銀行口座を開設しようとしている学習者もいて財産管理に興味を持っていることを

実感している。」「金融リテラシーの理解と将来に必要なキャリアの知識を築くことができる。」という感想をオンラインで述べています。

　授業方法は、主体的に学習者が関わり、アクティブラーニングで色々な実践活動を行う。このような授業を受けることで将来のライフスキルを予測し、将来設計のシミュレートすることができるようになると考えられます。

　オンライン教育では21世紀型スキルに応じた授業内容で、年齢に応じ、キャリア教育を行う活動もできます。小学校でも自ら履歴書のようなもの（CV）を作成し、教師がリストアップした仕事に学習者が応募することもあるそうで、小学校2年生から就活について仮想体験的に教師から教わることができるということでした。その結果、勉強に対するモチベーションが高まるといった様子がみられたそうです。

　「金融概念や生涯スキルの理解の向上が21世紀型スキルには求められている。学習者が主体的に関わるアクティブラーニングで教室内での実践活動を行う授業を受けることで、ライフスキルの予測や金融理解の向上が生涯にわたって重要なスキルを高める効果があるではないか。」という教師のコメントもありました。

　こういったフィンテックの授業は100％オンライン教育のカテゴリーで行われているものです。世界の中ではオンライン教育をするしないという議論をするフェイズではない学校もあるということがわかります。

**おわりに**

　家電量販店に久しぶりに行くと色々なものが進化していてびっくりすることがあります。

　IT環境の進化は著しいものがあると同時に、すでにオンライン教育が当たり前になっている教育現場ではその進化も著しいものがあります。

　しかし、オンラインを使えばみるみる成績があがるわけではありません。直接対面の方がよいというケースがないわけではありません。繰り返し述べますが教育の主体は学習者で、最適化されたベストマッチな方法を時代に合わせて模索していくことが、今では可能な時代となっているということです。

　社会に出た時に遭遇する情報はオンラインがベースになっていくことは間違いありません。知識の取得もオンラインで情報を集め、それを精査し、使うということが当たり前になっていきます。また2.2で述べたように、時間表通りにリアルタイムで授業を行うケースと、教師がビデオをアップロードするだけ、あるいは、単に宿題をメールで送るだけという場合でも、ICT教育が進んでいる地域であっても、オンライン教育によるやり方によって学習格差が起こりかねません。

　学校によってはオンライン授業と言っても色々なスタイルがあります。ZoomやTeamsを使った朝の会を行う学校、YouTube Liveで配信する学校、オンタイムではなくオンデマ

ンドでいつでも何回でも視聴することができる学校、授業動画を撮影して配信するだけの学校など色々です。朝の会からずうっと1日中、オンタイムで授業をしているところもあります。

　休校になっても、毎朝子どもたちとネット上で対面でき、双方向での授業ができることを学校の現場で取り組まないと、保護者や子どもたちに、なぜ使わないのかという説明責任が生じる時代に入ってきたのです。

　海外の先進国では学校や自治体が1人1台のパソコンを配るだけでなく、自治体がネット接続料も支払うという所もあります。オーストラリアのように人口密度が低く遠隔教育が必須なところではオンライン授業の普及がそもそもあり、学校でICTを日常的に使っているからこそ、緊急時にすぐに切り替えることが可能だったのです。

　自治体だけでなく学校も家庭もそれぞれ災害に備える意味合いも含めて、学習者がいかに学校でも家でもICTを使うか、工夫できることは進めていかなければならないでしょう。残念ながら日本では新型コロナウイルスの第1波の休校の際、ほとんどの公立小学校ではまだオンライン教育に舵を切っていませんでしたが、オンライン教育は新しい教育理念に基づいていることを理解して進めて欲しいと思います。

　海外では21世紀型スキルはもう古いと言われています。考えてみるとわかりますが、2000年からはもう20年たっています。その当時、スマートフォンもありませんでした。それがタブレット端末を使って授業をするという時代になって

きたのです。Education 2030では、時代は「生きる力」ではなく「生き延びる力」が求められています。災害やウイルスの脅威にさらされて生きていく子どもたちの未来のためにオンライン教育をやらないという選択肢はないでしょう。これからの日本社会を担っていく子どもたちには、情報社会にふさわしいスキルを身につけることができると考えています。

　私がMOOCの調査を始めた10年ほど前から、授業の前にあらかじめ学生に視聴してもらう反転授業がカーネギーメロン大学で行われていました。また、ハーバード大学に訪れたところ、9割の教師がプリント類、中には授業の動画等を大学のクラウドに上げていて、IDとパスワードがあればアクセスできました。もちろん中にはMOOCのように一般の人でも自由に視聴できるオンライン講座もあります。10年前は、1割弱のハーバード大学の教師がオンラインで自分の授業を公開することに難色を示しているようだ、と学生たちが話をしていました。オンライン教育に前向きでなかった教師も今ではもう全てがオンライン授業の対応ができるようになりました。

　小学校の教室からいろいろな教材をダウンロードしたり動画にアクセスしたりと、インタラクティブなやりとりができるということはこれから普通のことになってくるでしょう。

　また、情報を発信する際の制約などに関して、または、教師や学習者が著作物に対しての知識を培う情報リテラシーのカリキュラムを導入する必要もあるでしょう。教材はどんどん進化し更新することが可能なテキスト特性があります。コ

ミュニケーションの新たな回路を開いていくのがオンライン教育ですので、その在り方を意識することで、新しい教育的視座から活用されるべきものだと考えます。

　新型コロナウイルス対策でわかるように、まだまだ躊躇していたところも方向転換の舵を取る時期にいよいよなってきました。そう、小学校にもオンライン教育がやってきたのです。

　そこに向かうプロセスに時間的余裕があった国と違い、一気に行くのは大変かもしれませんが、時代の流れはオンライン教育ありきで着々と進んでいるのです。この本がそういった皆様のお役に立つことができましたら幸いです。


　最後に三省堂の飛鳥様、出版にこぎつけていただき、また、教育における一番の喫緊の課題について取り上げて頂き、ありがとうございました。

2020年12月<br>上松恵理子

**付録1:上松恵理子のオンライン教育Q&A**

**Q** わからないところをすぐに先生や友人に聞くことができないのが困ります。

**A** まずはチャット機能を使って、質問だけでなく意見などをすぐに入力できるようにするのがよいと思います。その際、チャットの相手を「全員に質問」と「先生だけに質問」と「先生以外の人に質問」など色々とわけるとよいと思います。海外のグループで、先生が入っていない宿題対策SNSを、友人とグループで作り、互いに質問し合う事例があります。

．．．．．．．．．．．．．．．．．．．．．．．．．．．．．．．．．．．．．．．．．．

**Q** オンラインの授業だと一方方向で、従来の一斉授業と変わりないように思いますが。

**A** そんなことはありません。例えばZoomにはグループワークの機能があります。グループワークはなるべく画像をオンにして顔出ししてやると活動が進んでいくようです。新型コロナウイルスの時には、まだ顔を合わせたことが無いという教室で、最初の授業ではオンラインでグループワークをさせるとよい効果があったという例がありました。

．．．．．．．．．．．．．．．．．．．．．．．．．．．．．．．．．．．．．．．．．．

**Q** オンライン授業で視聴したものを後から見たいのですが、どうしたらよいでしょうか？

**A** まずは授業がどういった方式で配信されているのかを確認をしましょう。例えばテレビなどでも見逃した場合は「オンデマンド配信」といって好きな時にオンラインで何回でも視聴できる方式があります。こういった方式だけでなく、ホームページなどに動画のクリップがあって自由にダウンロードできるという方式もあります。

・・・・・・・・・・・・・・・・・・・・・・・・・・・・・・・・・・・・・・・・・・

**Q** いきなりオンライン教育となると心配です。何か事前にしておいた方がよいことはありますか？

**A** まずはキーボードに慣れておいた方がよいです。タッチ画面に慣れている子どもたちの声を聞くと、「キーボード操作をやっていてよかった。」という声が大多数です。また、「キーボードにそもそも慣れていたのでよかった。」という声がありました。また、プログラミングをやっているとアプリケーションを使うハードルが高くないので、スムーズにオンライン教育のシステムに慣れることができてよかったという声もありました。

・・・・・・・・・・・・・・・・・・・・・・・・・・・・・・・・・・・・・・・・・・

**Q** オンライン教育では授業方法が変わりますか？

**A** 大きく変わると思います。日本の、教室内で先生が前に立ち黒板の前で一斉授業をするという授業方法は効率を

重視したやり方でしたが、オンライン授業になると教室の中からクラウド上に子どもが一人一人アクセスし、メールなどもできるようになります。一般的にオンライン教育というと先生方が動画を作って流すだけで、それを家でみるというイメージがありますが、それだけではありません。

・・・・・・・・・・・・・・・・・・・・・・・・・・・・・・・・・・・・・・・・・・

**Q** **学校の教室で行うオンライン教育は、どういったものがありますか？**

**A** 従来の視聴覚教材を一斉授業の形式でみるという方法もあります。しかし近年では、先生の電子黒板や液晶画面等にインターネットを繋いでネット上のリソースに次々とアクセスする形式があります。これらは先生の教具としての使い方ですが、1人1台のパソコンを子どもが文具のように使う場合、ネット上には色々なオンライン教材があり、それをそれぞれの子どもが使ったり、アプリケーションを使ったりして、さまざまな学習が可能になります。もちろんクラウド上の場合はIDとパスワードを使い自宅からでもオンラインで一斉に流れてくる動画をみるものもありますし、画面を共有し自ら主体的にインターネットにアクセスして学習する方法もあります。個々の進捗に合わせて行う方法もあり、そういった点をサポートする必要も出てきますので、これからは先生や保護者の役割も変化してきます。

**Q** 長い時間授業に集中できないのですが、どうしたらよいでしょうか？

**A** 一斉授業を1時間もの間ずっと集中して聞くのは大変だと思います。導入の部分は短めに学習して試行錯誤しながらまとめていくラーナーセンタード（学習者中心）の授業の方がよい効果を得ることができます。先生が一方的に必死になるのではなく学習者が考える時間が重要です。ただし、調べ学習やまとめの作業なども教室に居る時と同じようにはいかないと思います。教室だと質問を投げても机間巡視で見守ってあげたり、友人たちとディスカッションが始まったりでけっこう進んでいくケースもありますが、オンラインでやる場合の方がむしろしっかりと先生がファシリテートする必要があるでしょう。

**Q** 宿題を提出する際、何かよい方法はありますか？

**A** これまでの、原稿用紙で作文を書いて手渡しで教師に提出するという場合と違って、オンラインで出す宿題については、色々なトラブル回避のためにやるべきことがあります。クラウドにアップロードする場合はよいのですが、まずは提出先のメールアドレスを間違えないようにすることです。また課題が複数あった場合、場所を間違えて上げることがないように気をつけます。また締め

切りについてもしっかり学習者自身が把握することです。
期限を過ぎると提出できないことがあります。

. . . . . . . . . . . . . . . . . . . . . . . . . . . . . . . . . . . . . . . . . . . . . . . . . . . . .

**Q** 宿題を提出する時にトラブルを聞いたことがありますが、どうしたらよいでしょうか?

**A** クラウドの欠点はアクセスが集中すると繋がりにくくなることです。メールについては、容量の大きいメールは届かないばかりか、ネット環境によっては相手に迷惑になることもありますから、添付ファイルの容量を把握することが大切となります。内容によっては写真なども含まれている場合があり、容量が大きくなってしまいます。メールにはCCやBCCを宛先に加え、自分のメールアドレスにも送付すると、相手に送ることができたかどうか確認ができます。いずれにしろトラブルがあったら担任の先生などに連絡をした方がよいでしょう。学校側もそういったトラブルがあることを前提にサポートする場所を作っておくのがよいと思います。

. . . . . . . . . . . . . . . . . . . . . . . . . . . . . . . . . . . . . . . . . . . . . . . . . . . . .

**Q** オンライン学習の宿題は、何かこれまでと違いがありますか?

**A** 色々な形の宿題がありますが、調べ学習のレポート課題については次の点が大事です。

まずは、テーマに沿って調べたことを論理的に書き、

最後に結論や感想も述べることです。自分の意見に偏りがないか、さまざまな文献を読んで、その資料も併せて提出するのが調べ学習のコツです。注意することは出典や掲載URLを明らかにすることです。

また、そのプロセス（過程）についても記述することが大切です。

........................................................

**Q** **オンラインで解答する時の注意点はありますか？**

**A** 最近では一人一人の能力に応じたアダプティブな課題もあって、これは解答した時間のデータを取ったり、解答が合っていると次第に次の問題が難しくなったり、間違った解答をすると次の問題が簡単になったりすることがあります。そういった課題は途中で別のことをせずに集中して解くようにする方がよいでしょう。

........................................................

**Q** **オンライン教育になって宿題がたくさん出ます。締め切り時間が夜の12時で、夜更かしが心配です。**

**A** 確かにオンライン教育になってから宿題が増えたという声が多く聞かれます。そして宿題の提出時間がオンライン上の日にちで設定されると、ちょうど日にちが変わる時間が提出時間となるところも少なくありませんから心配でしょう。学校では勉強は教えますが、計画の立て方まで教えることは少ないかもしれません。まずは宿題を

何日間でどの程度進めることができるのか、2、3日余裕を持って提出できるよう、計画を立てて学習させることです。急な提出を求めるものは少ないと思いますので、日割りし、時間を決めて終わるまでにどれくらいすればよいか計画を作成しましょう。その際、自分の学習スタイルを知ることも大事です。1日のうちに何時間くらいが集中できるのか、コツコツタイプか一気に仕上げるタイプかの情報も入れたものにしなければなりません。実はこの作業はオンライン教育に関係なく社会に出てからも必要なスキルです。

・・・・・・・・・・・・・・・・・・・・・・・・・・・・・・・・・・・・・・・・・・・・・・・・・・・・・・・・・・・・・・・・・・

### Q 不適切なサイトを閲覧する可能性はありませんか？

A まずはIDとパスワードでオンラインに入るようにすることです。そこでは誰が何時何分に何を閲覧したかがわかります。どんなサイトを何時頃何分くらいみていたかというのはアカウントでわかりますから、そういうことを理解させることが大事だと思います。また、何回か繰り返しをした場合、生徒指導の対象になることを伝えることも必要です。またネットいじめもわかってしまうので、誰もみていないところでいじめをするというのとは全く違ってきます。SNSも、相手側がみえないので、友人同士の感覚で投稿してしまいがちですが、実際は多くの人がみているケースもありますから、そういったデジタルリテラシーを学校でも家でも教えていく必要があります。

**Q** オンライン教育を長時間やり続けることの問題点はありますか？

**A** よくオンラインを長く使っていると視力に悪影響があるという声も聞かれます。教室の換気も1時間に1、2回行うようですので、そういった時に、目を休めることは必要でしょう。目のケアは大事だと思いますので、家でオンラインをする時にも同様なことが言えます。ある程度目からの距離をはかって、あまり神経質過ぎるのはかえってよくありませんが、よい姿勢の方が疲れないということも聞くので、注意します。いずれにしろどうしても集中してしまうので、気をつけるに越したことはないと思います。ところで、韓国では、1つの学年でクラスによってパソコンを使う使わないということをして分けて調査をしたことがありました。パソコンを使うクラスは家で保護者がケアをしたせいなのかもしれませんが、視力に変わりはなかったということが韓国の研究報告書に書いてあります。

**Q** オンライン教育を続けていくためのポイントはありますか？

**A** 学習者側からみると、例えば4月はやるけれども5月はしないといったやり方はよくありません。また小学校でやっているのに中学校ではやらないというのも問題で

す。プログラミング教育にもそういった事例があるのですが、系統的にしっかりとやっていく必要があると思います。学習者側もメリットを理解して使うことが継続のポイントだと思います。また学習は主体的で能動的な学びになりますから、どういった形で計画的に学習を進めるかの学習サポートが必要となります。オンライン教育をやっている時のサポートではなく、オンライン教育をどう学習に取り込むのかをコーディネートする必要があります。できれば保護者の方も一緒にサポーターになってもらうのがよいと思います。その理由としては一人一人学習の進め方や性格も違ってくるため、学習者に応じた進め方が効果的だからです。

·····································

**Q** **オンライン教育を続ける先生のために学校がするべきことはありますか？**

**A** 先生方には技術的なことをサポートしてくださる方がいればとても助かることと思います。海外でも最初にBYODにした時に、週に3回程度は1日中、ICT支援員に来てもらったということを聞きました。ただ技術的なことをサポートしてもらうだけでなく授業の設計、研究授業のコーディネート、時間割の変更まcontinueできる方が韓国のICT支援員にはいました。聞くと学校の先生がICT支援員の研修を受けてなるのだそうです。アメリカでは3.1の章にも書きましたが、オンライン教材を先生方が制作

する時に、写真などの著作権について、すぐになんでも相談できるアライアンスセンターがありました。学校単位でするのはなかなか難しいこともあります。そのため、先生のための自治体の研修センターや教育委員会がしっかりサポートしていく必要があります。

・・・・・・・・・・・・・・・・・・・・・・・・・・・・・・・・・・・・・・・・・・・・・・・・・・・

**Q** **インターネット環境に問題があるケースはありますか?**

**A** まず、各地域でインターネット環境は異なっていると思います。例えば都心の一部では4Gでもアクセスが集中すると遅いという事例もありました。一方で、地方に行くと、そもそもインターネットが繋がりにくい山間地もあります。けれども、少子化の影響で小学校が統合されたり廃校になったりと、ますます遠隔授業の必要性が高まってきます。そういった地域では自治体が協力してしっかりとしたインフラを整えることが大事だと思います。

・・・・・・・・・・・・・・・・・・・・・・・・・・・・・・・・・・・・・・・・・・・・・・・・・・・

**Q** **家でオンライン教育を受けるためのインターネット環境はどんなものがよいでしょうか?**

**A** 家庭でのWi-Fi環境が整っていなくてオンライン学習ができなかったという事例があります。実際、それぞれの家庭でインターネットを使う頻度は異なっていると思います。例えば、新型コロナウイルスで急に自宅でリモートワークをしなければならなくなり、家族一人一人がそ

れぞれ昼間は1日中オンライン会議をしているといった
ケースがあったようです。こうなってくると1人でイン
ターネットを使っていた時とは違い、繋がりにくくなる
ということもありました。メールだけを使う場合は8メ
ガでもよかった時代もありましたが、今ではそれでは難
しいです。実際に動画はあきらめて声だけの授業参加に
なった事例がありました。そのためにはWi-Fiのプラン
を高速に切り替え設備を増強する方法がありますが、プ
ランを変えても繋ぐケーブルや機器が高速に対応してい
ない点がないかどうかチェックが必要です。

　他には家族の1人あるいは2人がポケットWi-Fiでイ
ンターネットに繋ぐという方法もあります。ポケット
Wi-Fiは学校や自治体から配布された事例もありました。

・・・・・・・・・・・・・・・・・・・・・・・・・・・・・・・・・・・・・・・・・・・・・・・・

**Q** **新型コロナウイルスで休校になった時の日本のオンライン**
**教育は、どのような状況だったでしょうか？**

**A** 日本のオンライン教育は一部の私立学校や公立でも導入
されています。しかし、新型コロナウイルスの休校の
際はたった5%の学校しかオンライン教育を行ってはい
ませんでした。そういった面ではまだまだこれからだと
思います。もちろんクラス担任が個々にZoomなどで繋
いで授業を行っているところがあったようですが、実際
は分散登校とか、週1回学校に宿題をもらいにいったり、
先生が各家庭に宿題プリントを配布したりしたところが

多かったようでした。いずれにしろオンライン教育で学びを継続していた学校との間に二極化が進んでしまうことを防がなければならないと思います。特に海外との格差はグローバル化している日本経済に悪影響を及ぼしかねないという声もあります。

＊参考
文部科学省のGIGAスクール構想について
https://www.mext.go.jp/a_menu/other/index_00001.htm

**付録2：各教科でオンラインにトライするためのアイデア**

　ここでは各教科において世界で取り組んでいるオンライン教育についてご紹介します。もちろん日本でも既に行っている内容もありますので参考にしてください。日本の小学校は年間指導計画がきっちり組まれていて、簡単に海外の事例を導入できないケースもあると思いますが、そこは創意工夫でまずはできそうなところからトライしてみましょう。授業のヒントになれば幸いです。

### 小学校の国語科

　北欧の国語の授業は創作的なものがメインとなってきています。私が訪れたスウェーデンの小学校では教科書はPDFにしていて、どこでもみることが可能でした。授業は教室に入れない学習者や繰り返し視聴したい学習者のためにLIVEやオンデマンドで配信する学校もありました。リアルタイムで先生が学習の進捗をみるという事例もあり、授業はBYODで1人1台のパソコンを家から持ってくる形式でした。そこで行うのは、物語を読んでチャットやグループワークで感想の共有をすることが行われ、どういったやりとりがあったのかを作文にしてクラスで共有するという活動でした。

　また、小説を書くという活動があって、その小説をWord文章で書いてクラウドに上げるという学習活動もありました。

これは世界中からアクセス可能なもので、色々な国から感想が上がってくるということでした。世界中からみることができるというのはオンラインならではのことです。そのために、その内容に沿った表紙を書くという活動もありました。一見、美術の時間かと思ったのですが、自作の小説の表紙ということで国語の授業内で行われていました。

　もう1つは音読の授業です。一人一人が自分のパソコンに入っているソフトを使って自分の音読を録音するという活動でした。教科書とタブレット端末を机上に置いて自分の声を録音します。気に入らない場合は削除し、何回でも録り直しをします。気に入った音読ができたらそれを帰宅してから家族にチェックしてもらいます。保護者は好きな時間に聞くことができてとてもよいという評判でした。音読を録音するというのはよいアイデアだと思います。自分で自己評価できるのもよいことです。

　ということで、まずは手始めとして授業で書いた感想文や作文など、公開先を限定した上でクラス内のみ閲覧するようにしてみることができそうです。自己紹介の場面では、タブレット端末で動画を撮り合ったものを学校内に限定してみることができるようにするというのもよいと思います。先生も授業の感想をブログ風に書いて、校内で学級新聞のような感じで公開すると、学習者との交流が進んでいくと思います。印刷するということが昔から行われていましたが、それだと読んだ人の感想がなかなかわからないというものもあると思います。オンラインで書き込みをもらって色々と交流が進む

ことはよいことだと思います。

　SNSの書き込みについても、書き方について皆で検討してみることもよい活動になります。同じ意味でも書き方によって捉え方が変わってくること、投稿はさまざまな人の目に触れるものであることなども併せて教えることが可能です。またネット上でいじめをすることは投稿内容によっては犯罪となり、匿名であっても投稿者はわかるというようなアドバイスもできます。一見、これは国語の授業ではなく情報モラルの授業と思われるかもしれませんが、小学校に教科で「情報」がないこともありますし、国語の授業は回数が多いのでそこで取り上げることもできると思います。

　年間指導計画をみてどのようなことにそれらの内容を入れ込むのかを考える必要がありますが、音読の授業については、よく古典で音読をさせるので、古典でもよいと思います。

## 小学校の社会

　日本の社会の授業では世界の中の日本について、色々な観点で学ぶものがあってよい内容だと思います。しかし暗記中心になりがちですから、しっかりと日本の未来を学習者に考えさせる必要があると思います。欧州の社会科の授業は、歴史と地理について「同時」にピンポイントで学ぶという点が特徴です。プロジェクト型学習で、データをみるリテラシーをつけて卒業し、「応用」できるようになるということは大切な点です。理由は色々あるのですが、学習者の理解が深

まって知識の定着率も高まるということです。地理と歴史を別々で習うよりも一緒に学ぶことが学習効率の向上をはかれるといったことだけではありません。学びが深まります。

　地理であれば日本の地形や気候を習うわけですが、地域を限定して、その地形や気候で採れる作物、産業、歴史などを一緒に学ぶのです。どうしてここに産業が栄えたのかを知るためには川が交通網の一部になっていた点や歴史上にあったその地域の特性も学ぶのです。もちろん日本の場合、年間指導計画や教える内容には、単元別にする方法が取られています。例えば地理で特産物を学ぶ場所があったとしたら、その土地でどうしてそういった特産物が生まれたのか、といったことも含める程度でもよいと思います。

　例えば新潟県の村上市は鮭の増殖が盛んです。どうして盛んなのでしょうか。暗記で「村上市は鮭の増殖が盛ん」と覚えるよりも、そこには村上藩の財政的な事情があり、藩の下級武士が三面川で世界に先駆けて鮭の「回帰性」を発見したことがあるということを教えることでストーリーが生まれます。こういったストーリー性については今やマーケティングの基礎でもありますし、ユーザーはストーリー性のある広告にひかれます。ストーリーが共感を生むことで記憶に残る内容になることがあるため、そういった方法を少しでも取り入れて効果的なオンライン学習を進めることが必要です。「ちなみに〜」というエピソードを挟むだけでも試してみる価値があります。

　教え込むだけでなく、学習者にインターネットや資料を探

して調べさせることも必要で、さらには、調べ学習は発表を
伴うものということを学習者に理解させることも必要です。

## 小学校の理科

　理科は子どもたちの問いに答える科目です。生物、宇宙、
電気、天気など、自然現象は、私たちの生活に密着している
ものです。しかし残念ながらオンラインが一番苦手なのも理
科の実験だと言われています。

　しかし今日では動画の教材で色々見ることができ、テクノ
ロジーの進化によってARやVRなどの体験が家に居ながらに
して体験できることが可能な時代になりました。最先端の
ARやVRなどの方が実際にわかりやすいこともあります。今
できることは、色々な動画を取り入れ、暗記で覚えさせよう
とするのではなく、学習者の頭脳で考えさせることです。

　先生が動画を撮影してもよいですが、気をつけなければな
らないことは著作権のことです。例えばあらかじめ学校向け
にある動画を使うのもよいことと思います。有料なものもあ
りますが、NHK for schoolのようなNHKが制作する学校教
育向けの2千本以上の動画は、文部科学省が教育機関として
定めるところ、およびこれに準ずる教育機関で使うことの
できる動画です。動画だけでなく、「教材・資料」や「授業
プラン」などもあり、「NHKティーチャーズ・ライブラリー」
は、NHKが制作し、放送してきた番組の中から学校教育に
も活用できるものを無料で貸し出して授業などに利用できる

サービスです。

　黒板にチョーク、紙と鉛筆で授業を受けるよりも、動画でみたり、スマートフォンをかざしたりして立体的にみることができれば、その動きがリアルに伝わります。

　気をつけなければならないのは教師が教えこみすぎないことです。まずは説明し動画をみせた上でオンラインのグループチャット機能を使ってグループでディスカッションをするのもよいことと思います。反転授業といって、あらかじめ家で動画をみせて、投稿した際にディスカッションをさせるのもよいことだと思います。海外の小学校ではポピュラーな方法です。

　また、調べ学習も知識を定着させる上では大きな役割を果たします。海外の小学校の理科の授業においては、プレゼンテーションソフトを使った発表が多いように思いました。日本も発表機会は増えてきたものの、なかなかパワーポイントを学習者に作成させるのは大変かもしれません。しかし、イギリスや北欧などではそういった授業は小学生から行われています。ですからこれを機会にパワーポイントを使った発表にもトライしてみることがよいでしょう。


## 小学校の算数

　海外の算数の授業をみると、日本の算数はたいへん高度なことを小学生にさせているように錯覚することがあります。逆に海外の先生方に何をしているかと聞くと、「生活に密着

した形で数を扱う」という方法や、「公式がそもそもどうしてできたのかのプロセスを学ぶ時間に重点を置く」ということでした。聞くとそもそも小学校の時の算数の授業に違いがあるようです。

　海外では小学校の低学年から計算は計算機でさせるというところもあります。小学生に計算機を授業で持たせることには日本では賛否が分かれるところでしょう。スマートフォンでさえも使うことができないのですから難しいことです。難しい計算ができることがよいことではなく、どうしてここは足し算をするのか、掛け算をするのか、円周率はどうやって導き出すのかということを主に勉強します。なので国の指針で、3.14で学ぶのか、3にするのか、ということには意味はありません。3.14159と限りなく続くのがどうして円周率のπなのかを考えさせるのです。日本では直径に3.14をかけるプロセスに意識を向けさせるよりも、半径15センチの円に2とπとをかけることの計算に意識が行きます。それは計算機のすることであり、半径に2をかけてπをかけることを理解していることこそが大事とする海外の国もあることを知る必要があります。「円周＝半径×2×円周率」、「面積＝半径×半径×円周率」の仕組みを説明できる、発表できる力が数学的なグローバルスタンダードです。しっかりと知識が定着するためには発表することを念頭に調べることが大事です。特に円周率を使った面積の計算や図形は動画で行う方が理解しやすいという声もあります。

　さて海外の算数との違いはさておき、せっかくのオンライ

ン学習ですから、幼稚園から九九を覚えていたら、九九のドリルよりも色々な課題を与え、個々の能力に合わせたアダプティブなテストを導入して、わかったらどんどん先に行くという方法もあります。算数は社会のようにその単元だけを学習すればその単元はできたというものではなく、積み重ねの内容です。ですので、理解できない小学生にはしっかりとしたフォローが必要な科目ということがわかります。

　興味を持たせるには「数」を生活に結びついたものにすることです。時速の計算などは学習者に好きな乗り物や経路で学習させるという方法もあります。最近では算数の授業でプログラミングをするというものもあります。いずれにしろ算数は生活に密着してためになり、楽しいと学習者が思うように、色々な方法で導くという点で先生の力が問われる科目です。

## 小学校の英語

　韓国では小学生の英語の授業は必修で、子どもたちが大人になったら母国語のように英会話ができるようになるかもしれないと期待されるほどしっかりと勉強しています。学校だけでなく帰宅しても各自治体の公的なオンラインの教育サイトが充実しているので、楽しみながら英語を勉強している子どもたちも多いです。その理由としては塾が過熱しているので、富裕層の子どもたちが有利になってしまうのを防ぐためです。富裕層でない子どもたちにも等しく勉強させたいということがあって、家にインターネットが無い家庭にはイン

ターネットの通信料を支払うという国家政策もあります。

　視察した英語の授業では、1人1台で耳にイヤホンをして個別に発音練習をするという授業風景でした。しかしそういった時間は5分程度で他の時間はカラオケのようなソフトで画面を見ながら英語で歌を歌うというものでした。もし途中から授業見学をしたら日本では音楽の授業と勘違いするかもしれません。しかしそのカラオケの時間も5分程度です。残りの時間はやはり先生がこれまでと同じように一斉授業のような形で行い、その後、グループワークで英語を使い色々と話し合いをするという、オンラインの授業ではできない活動でした。それではどういったところがオンラインで行われるかというと、それぞれのグループワークの活動を英作文して、各学習者が書いたものをクラウドにアップロードして、プロジェクターの画面に投影し、それを皆がみるというものです。小学生が英作文をするのは大変だと思うのですが、そこはスマートフォンの学校持ち込みがOKなので、スマートフォンで英単語を検索しているという場面をみることができました。驚くかもしれませんがエストニアの小学校でも1年生から学校にスマートフォンの持ち込みがOKです。北欧では授業が終わって校庭で子どもたちが遊んでいるため、ガランとした教室の机上にスマートフォンが置きっぱなしになっているという光景も珍しいものではありませんでした。英語の授業はオンラインを使って先生がよい教材を選んでいます。先生が教材を制作することも大事ですが、学習者が単語や文例を検索できるオンラインに繋がるツールがあると効率のよ

い授業ができると思います。学習したノートなどをどんどん
集めてポートフォリオのようにしていくというソフトを使っ
ている国もあります。

**IoT（Internet of Things）**
日常のあらゆるモノ（things）をインターネットに接続できること。

**ICTメンター**
ICT（Information and Communication Technology）とは、通信技術を活用したコミュニケーションのこと。メンターとは、助言者、相談者の意味で、この場合はICTを活用する時に助言をしてくれる人のこと。

**アウトカム（outcome）**
アウトプットに応じて行動を起こし得られた結果や成果。教育では、学習データに応じて勉強したことで得られた成果や成績のこと。

**アクティブラーニング**
学習者中心（ラーナーセンタード）の概念で、自ら能動的に学ぶ学習方法のこと。

**アダプティブ**
適応・最適化。教育におけるアダプティブな学び（アダプティブ・ラーニング）は、自分の目標や習熟度に合わせて効率的な学習が可能。

**インタラクティブ（interactive）**
双方向のこと。

**WILMA（ウィルマ）**
フィンランドの学校が学習者を管理するWebベースの校務教育情報支援システム。ライセンスはヘルシンキ市が所有し、スマートフォンのアプリから保護者が学習者の出欠席や学習状況をインターネットを通じて把握できる。

**ウインドジャマー**
マイク用のウインドジャマーとはマイクに巻きつけられたスポンジやファーのようなもの。風防。

**Uber**
アメリカで誕生したスマートフォンのアプリを使った配車サービスのこと。Uber eat（食事の宅配）などもある。

**ウエアブルカメラ**
主に小型で手で持たなくても体に装着して撮影するビデオカメラのこと。

**AIリテラシー**
人工知能について理解する力。

**AR（Augmented Reality）**
拡張現実のこと。現実環境をコンピュータにより拡張する技術や現実環境のこと。

## Education2030

OECDが推進する新しい教育のための指針で、災害などの予測不可能な時代に向けて知識・スキルをどのように育むかを検討。

## OCW（オープンコースウエア：Open Course Ware）

大学の授業と関連コンテンツ等をインターネット上で公開し届ける取り組み。

## オンデマンド

オンライン授業におけるオンデマンドとは、リクエストに応じて、テキストや画像などのコンテンツを何回でも配信すること。

## 観点別評価

各教科・科目の目標や内容に照らして、学習状況を分析的に捉え観点ごとに評価するもの。

## GIGA（Global and Innovation Gateway for All）スクール構想

2019年12月、文部科学省が発表した構想。児童生徒向けの1人1台端末と、高速大容量の通信ネットワークを一体的に整備し、創造性を育む教育を持続的に実現させる構想。

## 機能的リテラシー（functional literacy）

人々が社会の一員として基本的な生活を維持し、社会参加を行うことのできるための読み書きの能力。機能的識字とも。

## 教科「Computing」

イギリスではじまった情報教育の科目名。1995年からの教科「ICT」という科目を廃止して教科「Computing」が始まった。

## 協同学習（cooperative learning）

主に同じクラスの学習者が同じ課題に協同で取り組む学習のこと。グループワークやアクティブラーニングを行うこともある。

## クラウド

クラウドとは雲のことだが、ICTにおけるクラウドとは、ネットを介して接続するサーバー（またはコンピュータ）のこと。

## クリティカル・シンキング

情報を鵜呑みにせずに色々な角度からものを見たり考えたりすること。批判的思考と訳す場合が多い。

## クリティカルリテラシー（critical literacy）

日本語では批判的リテラシーと訳されるが、海外では批判ではなく物を観る鑑識眼のあるリテラシーとされる場合が多い。

## コースウェア（courseware）

コンピュータを利用する学習用教材のこと。

## CS (コンピュータサイエンス：computer science)

情報と計算の理論的基礎やそのコンピュータ上への実装と応用に関する研究分野のこと。

## 指向性マイク

音を拾う角度を選択するための機能があるマイク。

## Zoom

テレビ会議と同様に映像と音声を使い、インターネットを介して遠くにいる相手とのコミュニケーションを可能にするサービスの一種。

## 絶対評価

個人が設定された教育目標などに到達したかどうかによって評価する方法。到達度評価とも呼ばれる。

## 相対評価

他者との比較により評価する方法。

## ソーシャルデバイド

ソーシャルネットワークサービス（SNS）を使っている場合と使っていない場合との情報量の格差。

## Teams

Microsoft Teamsのことで、マイクロソフト（Microsoft）のOffice 365ビジネスユーザー向けグループウェアのこと。

## チャット（chat）

英語で雑談のこと。リアルタイムでスマートフォンやパソコンなどを使ってインターネット上でするコミュニケーション。

## チューニング（tuning）

同調する、調律するという意味。教育におけるチューニングとは、教育学の専門家や教師が集い、学習共同体のネットワークを作り、達成度を評価し、共同作業をすること。

## テーラーメイド

教育におけるテーラーメイドとは、学習者のスキルや目標に応じてその学生にフィットした学習スタイルや学習内容を最適な方法で提供し、学習すること。

## デジタル・デバイド

電子媒体の情報を得た人と得ない人との間の格差。情報格差。

## デジタル・イミグラント（デジタル移民）

生まれながらにデジタル機器に触れて育ったデジタルネイティブに対して、人生の途中でITが生活に取り入れられた世代のこと。

## デジタル教科書

デジタル形式で提供される学校の教科書。電子教科書とも。

## デジタルシチズンシップ

情報機器の操作方法や教育での活用にとどまらず、テクノロジーの法的・倫理的・社会的な側面を理解し、ポジティブに利用し、責任あ

る行動を取るという市民の在り方。

## デジタルスクールハウス
イギリスの民間の機関。学校のICT化を円滑に進めるために企業から資金を集め、教科「computing」の教材や授業のサポートをする。

## デジタルストーリーテリング
動画・写真とナレーションなどを繋げ、それを作品にしてソーシャル上で広く多くの人々に公開していくこと。

## デジタル・テクノロジー
情報を0と1の数字の組み合わせ、あるいは、オンとオフで扱う方式。

## デジタルネイティブ
生まれながら、あるいは物心ついた頃からパソコンやスマートフォンがあり、デジタルメディアに触れて育った世代のこと。

## デバイス
パソコン・タブレット・スマートフォンのような単体だけでも動作する端末と、それに繋ぐことで機能を発揮する周辺機器のこと。

## デュアルクラウド
教育の現場でクラウドを使う場合、環境や不具合で繋ぐことができなくなる場合に備えて2つのクラウドを使えるようにする方法。

## デューイのカリキュラム理論
実生活や社会と乖離された知識で
はなく、社会的に意味のある活動を中心に、経験することを重視し、その活動を通して必要な知識やスキルを身に着け、体系化するというデューイの考え方。

## 到達度評価
学習の到達目標の達成具合で児童生徒の学業成績を評価すること。

## ニューリテラシー（new literacy）
課題を見つけ、情報を特定し、その情報の有用性を批評的に評価し、情報を統合し伝えるためにICTを使う能力。

## ノンバーバルコミュニケーション
言葉以外の、表情や顔色、声のトーン、話す速度、ジェスチャー、視線などによる非言語コミュニケーション。

## パーソナライズ
教育におけるパーソナライズとは、学習者一人一人の属性や学習行動、学習履歴に基づいて最適な勉強方法やその情報を提供する手法、しくみのこと。

## ハブ
中心地、拠点。ネットワークが集まり、分岐があるところ、あるいは機器のこと。人が集まるところもたとえて言う場合がある。

## パフォーマンス評価
あらかじめ可視化された課題を基準にして行う評価方法。

### 反転授業（flipped classroom）

授業の前に学習者が課題や動画を見て、疑問点や意見などをあらかじめ整理し、学校に行った時に議論しながら学びを深めていく方法。

### ピアアセスメント（Peer Assessment：相互評価）

ピアとは教育の場であれば一緒に受ける学習者たち、アセスメントとは評価のこと。先生が評価をするのではなく、学習者同士でお互いを評価し合うこと。

### ピアジェの構成主義

ピアジェが言う構成主義とは実証主義（positivism）とは反対に位置するもの。教育における構成主義とは、一方的に知識を教え込まれるのではなく、学習者が能動的に理解していく理論。意味を見つけ出すために主体的に世界と関わること。

### BYOD（Bring your own device）

個人で所有しているスマートフォンやタブレット、ノートパソコンなどの端末を学校に持参し授業で活用すること。

### PISA型読解力

PISA（Programme for International Student Assessment）と呼ばれる国際的な学習到達度に関する調査に対応する読解力。

### ビッグデータ

分析可能な巨大なデータ群のこと。教育におけるビッグデータとは学習者の学習履歴などの記録、学習行動を分析することで、それと似たような学習者の課題をみつけて最適な学習を提供できる。

### ファシリテータ

ディスカッションや会議の進行を中立的な立場から促進する役割を担う人。

### VR

バーチャル・リアリティ（virtual reality）。ユーザの感覚を刺激して、現実ではない環境があるかのように作り出す技術。

### フィッシング（phishing）

インターネットを使って、パスワード、クレジットカード情報などを奪うために行われる詐欺行為。

### フィンテック（FinTech）

金融（Finance）と技術（Technology）を組み合わせた造語。スマートフォンで送金したり、買い物したりできる技術。

### フードテック（Food-Tech）

フードとテクノロジーを融合させた造語。

### プラットフォーム

教育におけるプラットフォームとは、クラウド型のプラットフォームを指す場合が多い。データベース上に個人の成績を保管し、複数のアプリケーションを運用する、1つのシステム上で構築されているWEB

サービスのこと。

## ブルーナーの発見学習理論
ジェローム・S.ブルーナーが提起した理論。個性を重視し、発見という行為を通じて学習内容を習得するというもの。

## ブルームのタキソノミー理論
（Bloom's Taxonomy）
ベンジャミン・ブルームの目標分類学のこと。「教育目標の分類学：認知領域」を提唱、その6段階の思考解説は、多くの教育現場で取り入れられた。

## フレイレの成人識字教育
パウロ・フレイレが行った貧困層への識字教育。読み書きができることは自分の境遇（や生活）を変化させることができるとした。

## フレネの教育方法
フランスの教師セレスタン・フレネが始めた教育方法。自分たちのペースでお互いに聞き合い協働的に学び、話し合いでルールを決め、学習者が学級や学校を運営するという活動。

## ポートフォリオ
学習者個人のテストの結果だけでなく、学習の過程で作成したレポートや成果物等の多くの判断材料を基にして評価するためのツール。ポートフォリオの電子版がeポートフォリオ。

## マルチリテラシー（multi literacy）
言語・文化の多様性、コミュニケーション媒体の多様性も考慮に入れた総合的な理解・表現能力のこと。

## MOOC（Massive Open Online Course）
インターネット上で無料で受講できる開かれた講義のこと。MOOCsとも呼ばれる。

## Media Text（メディア・テクスト）
メディア（媒体）を介して読者が事実を読む（みる）ことのできるもの。

## メディア・リテラシー
リテラシー（literacy）とは、文字の読み書きができ、それを理解する力のこと。色々なメディアを理解する必要があることからメディア・リテラシーという言葉が生まれた。

## ラーニングデザイン
新たな学びをデザインするために、教育現場だけでなく地域社会の産官学のさまざまな立場から学びをデザインするもの。

## リソース（resource：資源）
ICT教育におけるリソースとは、主にデジタル教材やそのプラットフォームのこと。広義ではそれを使いこなす教育のスキルやそれを支えるICT支援員、ICT環境なども指す。

## リテラシー（literacy）
文字の読み書きでき、それを理解する力。単なる識字力ではなく、

文字の意味やその言葉の背景まで
も理解できる力。

### リベラル・エデュケーション（教養教育）
教育を生活のための手段として考
えるのではなく、人間の教養その
ものとして重視すること。

### リポジトリ（repository）
「貯蔵庫」「収納庫」の意味。アプリ
ケーション開発の際に、システム
を構成するデータやプログラムの
情報が納められたデータベースの
こと。また、ソフトウェア開発お
よび保守における各工程のさまざ
まな情報を一元管理する意味。

### ルーブリック評価基準
学習到達度や達成度を多様な指標
で測る評価方法。

### ロボティクス（robotics）教育
制御工学を中心に、センサー技術
を使って、ロボットの設計・製作お
よび運転に関する研究を行うロボッ
ト工学、またそれを学ぶこと。単
にロボットを使った授業のことを指
す場合もある。

**主要索引**

## 主要引用・参考文献

『メディア・リテラシーの方法』
アート・シルバーブラッドほか 著、安田 尚 訳、リベルタ出版、2001年

『合理的な愚か者──経済学=倫理学的研究』
アマルティア・セン 著、大庭 健ほか 訳、勁草書房、1989年

『デジタルメディアは何をもたらすか』
有馬哲夫 著、国文社、1999年

『記号の知／メディアの知──日常生活批判のためのレッスン』
石田英敬 著、東京大学出版会、2003年

『日本の階層システム5 社会階層のポストモダン』
今田高俊 編、東京大学出版会、2000年

『小学校にプログラミングがやってきた！超入門編』
上松恵理子 編著、三省堂、2016年

「読むことにおけるリテラシー概念の変遷──新たなリテラシー論の構築に向けて」
上松恵理子、『人文科教育研究』(34)、65-74、人文科教育学会、2007年

「ICT教育におけるメディアリテラシー教育　初等中等教育におけるICT
の活用」
上松恵理子、『情報処理』56(4)、322-326、一般社団法人情報処理学会、
2015年

『デジタル・デバイドとは何か──コンセンサス・コミュニティをめざして』
木村忠正 著、岩波書店、2001年

『声の文化と文字の文化』
W・J・オング 著、桜井直文ほか 訳、藤原書店、1991年

『カルチュラルスタディーズ入門』
グレアム・ターナー 著、溝上由紀ほか 訳、作品社、1999年

『教育と不平等─現代アメリカ教育制度研究』
黒崎勲 著、新曜社、1989年

『あなたへの社会構成主義』
ケネス・J・ガーゲン 著、東村知子 訳、ナカニシヤ出版、2004年

『教育の過程』
J.S.ブルーナー 著、鈴木祥蔵ほか 訳、岩波書店、1963年

『教育という文化』
J.S.ブルーナー 著、岡本夏木ほか 訳、岩波書店、2004年

『コンピュータのある教室　フレネ教育』
佐伯胖・田中仁一郎 著、青木書店、1999年

『ピアジェに学ぶ認知発達の科学』
J.ピアジェ 著、中垣啓 訳、北大路書房、2007年

『文学理論：A Very Short Introduction LITERARY THEORY』
ジョナサン・カラー 著、荒木映子・富山太佳夫 訳、岩波書店、2003年

『学校と社会　経験と教育（デューイ=ミード著作集）』
J.デューイ 著、河村望 訳、人間の科学新社、2000年

『明日の学校　子供とカリキュラム（デューイ=ミード著作集）』
J.デューイ 著、河村望 訳、人間の科学新社、2017年

『メディア・リテラシーを学ぶ人のために』
鈴木みどり 編、世界思想社、1997年

『最新　Study Guide メディア・リテラシー　入門編』
鈴木みどり 編、リベルタ出版、2013年

『フランスの現代学校　シリーズ・世界の教育改革7』
セレスタン・フレネ 著、石川慶子ほか 訳、明治図書出版、1979年

『被抑圧者の教育学』
パウロ・フレイレ 著、小沢有作ほか 訳、亜紀書房、1979年

『階級社会日本』
橋本健二 著、青木書店、2001年

『教育評価法ハンドブック　教科学習の形成的評価と総括的評価』
B.Sブルーム 著、梶田叡一ほか 訳、第一法規出版、1973年

『行為としての読書─美的作用の理論』
W・イーザー 著、轡田 収 訳、岩波書店、1982年

『「情報社会」を読む』
フランク・ウェブスター 著、田畑暁夫 訳、青土社、2001年

「情報化とメディアの可能的様態の行方」『メディアと情報化の社会学』
水越伸 執筆、岩波書店、1996年

『新版　デジタル・メディア社会』
水越伸 著、岩波書店、2002年

『デジタル社会のリテラシー』
山内祐平 著、岩波書店、2003年

『読むことの歴史　ヨーロッパ読書史』
ロジェ・シャルティエほか 著、田村毅ほか 訳、大修館書店、2000年

Taxonomy for Learning, Teaching, and Assessing, A: A Revision
of Bloom's Taxonomy of Educational Objectives, Abridged Edition
Lorin Andersonほか 著、Longman、2000年

協力者：山田肇（東洋大学名誉教授）
編集協力：㈱翔文社　　本文組版：マツダオフィス　倉橋弘

**著者**

**上松恵理子**（うえまつ　えりこ）

博士（教育学）。新潟大学大学院人文科学研究科情報文化専攻修士課程修了、新潟大学大学院現代社会文化研究科人間形成文化論専攻博士後期課程修了。

現在、武蔵野学院大学国際コミュニケーション学部准教授、東京大学先端科学技術研究センター客員研究員、早稲田大学招聘研究員、国際大学GLOCOM客員研究員、明治大学兼任講師、東洋大学非常勤講師。

「教育における情報通信（ICT）の利活用促進をめざす議員連盟（超党派）」有識者アドバイザー。

総務省「プログラミング教育事業推進会議」委員を歴任した。

# 小学校にオンライン教育がやってきた!

2021年1月30日　第1刷発行

著　者：上松恵理子
発行者：株式会社　三省堂　代表者　瀧本多加志
印刷者：三省堂印刷株式会社
発行所：株式会社　三省堂
　　　　〒101-8371
　　　　東京都千代田区神田三崎町二丁目22番14号
　　　　電話　編集　（03）3230-9411
　　　　　　　営業　（03）3230-9412
　　　　https://www.sanseido.co.jp/

落丁本・乱丁本はお取り替えいたします。
©Eriko UEMATSU 2021
Printed in Japan
ISBN978-4-385-36438-4
〈小学校オンライン教育・144pp.〉